商 品 学

主　编　王建东　宋　林
副主编　李文涛　赵伟华
编　者　侯彦国　杨志伟
　　　　　张佳林

东北师范大学出版社

长　春

图书在版编目（CIP）数据

商品学 / 王建东，宋林主编. — 长春 ：东北师范
大学出版社，2021.8
ISBN 978 - 7 - 5681 - 8338 - 3

Ⅰ. ①商… Ⅱ. ①王… ②宋… Ⅲ. ①商品学－高等
学校－教材 Ⅳ. ①F76

中国版本图书馆 CIP 数据核字(2021)第175249号

□责任编辑：任桂菊 □封面设计：创智时代
□责任校对：徐 莹 □责任印制：许 冰

东北师范大学出版社出版发行
长春净月经济开发区金宝街 118 号（邮政编码：130117）
电话：010－82893125
传真：010－82896571
网址：http：//www.nenup.com
东北师范大学音像出版社制版
长春市新颖印业有限责任公司印装
长春市清和街 23 号（邮政编码：邮政编码：130061）
2021 年 8 月第 1 版　2021 年 8 月第 1 版第 1 次印刷
幅面尺寸：185 mm×260 mm　印张：12　字数：291 千

定价：36.80 元

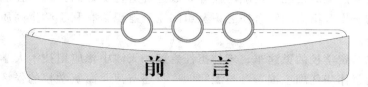

前　言

　　商品学是一门以自然科学为主，将社会科学、人文科学融合起来的新型交叉应用学科。商品是人类社会生产力发展到一定历史阶段的产物，如何使商品在经济全球化背景下充分发挥功效，更好地满足人类不断增长的物质和文化生活需求，是现代商品学需要努力解决的一大课题。特别是在社会消费结构变化、发展模式转型、商品开始由"需求"与"经济"相结合转向"技术"与"文化"相结合的情况下，对商品学进行多学科、多角度的交叉研究和整合更符合市场经济发展的需求。

　　本书立足于市场经济商品发展的实际需要，遵循理论与实践相结合的原则，以提高学生的实践能力为本位，为学生创设了多维度、多元化的引导案例任务及实战情境，让学生根据实战任务进行基本理论与实践的双重学习。

　　本书具有以下几个方面的特点：

　　（1）创设任务引导案例，通过引导案例与任务驱动的双向联合激发学生的学习兴趣。本书力求突破传统教材只重理论而忽略案例与实践的陈旧模式，每个项目通过设置阶梯引导案例层级任务的方式引导学生由简单到复杂地进行商品知识的学习，利于学生由浅入深、循序渐进地掌握理论知识。本书所涉及的品牌和公司均不涉及商业行为，内容积极向上，且均为化名。

　　（2）创设多维度的游戏情境，通过游戏情境教学增强实战效果，提升学生发现问题和解决问题的能力。本书各项目均设有不同的游戏案例，通过创设游戏情境任务让学生真正模拟现实商品经济生活中的实战难题。利用游戏能大大激发学生的学习兴趣和热情，利于学生真正实现"做中玩，玩中学，学中做"。

　　（3）采用多种教学方法，充分调动学生学习的积极性和主动性。本书采用多种教学方法，如任务驱动法、情境教学法、案例教学法、头脑风暴法、小组讨论法、项目教学法等，这些教学方法能够引导学生进行自主探究性学习，增强理论学习的趣味性，不但能有效调动学生的学习积极性，而且能够充分发掘学生的创造潜能，提高学生解决实际问题的综合能力。

　　（4）采用实训项目方式考查学生的学习效果，真正让学生做到学以致用。本书各项目均设立了以实际市场商品经济为背景的实训项目，通过真实性商品经济活动的模拟开展让学生更好地将理论知识和任务实践相结合，从而提高学生分析问题和解决问题的能力。

　　（5）采用小组综合评价表考查学生的任务完成情况，细化任务考评机制。本书每个实训项目均设有专门的小组综合评价表，从组内学生分工、组内学生参与程度、组内任务完成程度、小组创新等方面对各小组的具体完成情况进行细化考核。小组综合评价不但能够有效评估各组任务的完成情况，也能对任务完成过程进行更好的监督和控制。此外，小组综合评价也有利于提升组内团结合作意识及组间竞争意识，有利于学生高质量、高效率地完成相应的任务。

本书由河北商贸学校的王建东、宋林担任主编，天津中德应用技术大学的李文涛、保定市职教中心的赵伟华任副主编，参与编写的人员还有河北商贸学校的侯彦国、杨志伟及吉林经济贸易学校的张佳林。具体编写分工如下：项目一、项目五由宋林编写，项目二由侯彦国编写，项目三由杨志伟编写，项目四由王建东编写，项目六由李文涛编写，项目七由赵伟华编写，项目八由张佳林编写。在本书的编写过程中，编者参考了国内相关学者的研究成果，在此表示衷心的感谢！

由于编者水平有限，加之时间紧迫，书中难免存在不足之处，敬请广大读者批评指正。

编　者

目　录

$ **引导案例**

假设我们为原始部落的居民，全班学生按竖列可分成 8 个部落，因为生产力水平低下，每个部落每年只能生产一种产品。各部落的生产力水平逐年提升，假设第一、二、三年的生产力水平除维持温饱外还有剩余，具体的剩余产品如下表所示：

年 份	面	米	肉	菜	油
第一年	10	10	5	20	1
第二年	20	20	10	40	2
第三年	30	30	20	50	3

现各部落模拟一个市场，此市场具有市场规则，以此考察各部落在经过三年的生产后的幸福指数。幸福指数的得出需对温饱度、食物多样性、食物丰足度、文明度、市场秩序五个方面进行具体衡量。

各部落按如下步骤进行市场交易：

🏃 第一步：各部落为自己的部落命名，最先命名的两个部落各加 1 分，最后命名的一个部落扣 1 分。

🏃 第二步：第一年各部落分别选择一种产品进行生产。

🏃 第三步：进行第一年的交换，各部落之间可互相交换，交换时间为 5 分钟，交换结束后进行部落盘点。

🏃 第四步：第二年各部落重新选择生产的产品，然后继续进行部落间交换，交换结束后进行部落盘点。

🏃 第五步：第三年各部落重新选择生产的产品，然后继续进行部落间交换，交换结束后进行部落盘点。

🏃 第六步：对各部落的幸福指数进行综合评定。

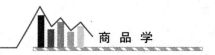

◎【想一想】

1. 部落之间为什么会进行交换？

_____

2. 部落交换之后各部落的财富值一样吗？为什么？

_____

3. 你认为各部落生产的产品中哪些属于商品？

_____

4. 请根据部落交换游戏总结：你认为符合哪些特征才能称为"商品"呢？

_____

任务一　商品的概念及构成

⚙ **任务目标**

知识目标：认识商品的概念，掌握商品的基本属性。

技能目标：能清晰界定商品，能灵活运用商品的两个基本属性，能将商品的两个基本属性运用到营销实践中。

素养目标：锻炼学生的逻辑分析能力，提升学生的理论应用能力，增强学生的团队协作能力及表达能力。

⚙ **引导案例**

很久以前，一艘船在海上遇难，张某和李某两人运气好，他们爬上救生艇漂流到了一个无人荒岛。可倒霉的是，岛上什么食物也没有，而且两个人还曾经是生意对手，过节颇深。两人在整理背包时发现：张某只带了 6 瓶矿泉水，每瓶矿泉水 500 mL；李某只带了三个面包。但是，因为两人的敌对关系，他们都不理睬对方。最后，光喝水的张某饿得眼冒金星，只吃面包的李某也渴得要命。

◎【想一想】

1. 两人如何才能解决各自的生存问题？

_____

2. 淡水和面包有什么用途？

_____

3. 你认为他们俩应以什么样的比例进行交换呢？

_____

◎【头脑风暴】

1. 你知道哪些与商品有关的词语？

2. 你知道"商"字的由来吗？

◎ **理论知识**

一、商品的概念

商品是用来交换并满足社会需要的劳动产品。商品具有使用价值和价值两个基本属性。

大自然中存在很多物品，但是只有融入人类劳动的产品才能称为劳动产品。劳动产品如果不进行交换，就不能称为商品。因此，商品是特殊的劳动产品。

综上所述，商品必须同时符合以下特征：

（1）商品必须是具有使用价值的劳动产品；

（2）商品必须是融入人类劳动的劳动产品；

（3）商品必须是供别人消费即社会消费的劳动产品；

（4）商品必须是为了经济利益交换到别人手中的劳动产品。

◎ **案例分析**

在一个偏僻的小山村里，家家户户以种地为生。村东头的老张今年种了大豆，大豆丰收后，老张每次都会将大豆分为 4 份：先精挑细选出一部分饱满的大豆，作为明年的种子；然后把一部分研磨成豆面，或留着做豆腐用；再留一些送给亲朋好友；最后剩余的则全部拿到集市上售卖。

◎【论一论】

老张收获的大豆中，哪部分属于商品呢？

◎【议一议】

以下哪些属于商品？哪些不属于商品？请说明理由。

①大自然中的蓝天、白云、空气；　　②小偷偷到的钱包；

③朋友互赠的礼物；　　　　　　　　④路边的小石子；

⑤商场里将要卖出的手机；　　　　　⑥超市里卖不出去的蛋糕；

⑦农民食用的自种的蔬菜；　　　　　⑧孙悟空的紧箍咒。

◎【趣味思考】

货币是商品吗？哪些物品充当过货币，你知道吗？

⊗【知识拓展】

随着社会经济的不断发展，人们认识的商品已经从物质形态的劳动产品发展到能够满足人们某种社会需要的所有形态。

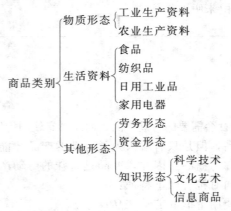

二、商品的基本属性：使用价值与价值

（一）商品的使用价值是能够满足人们某种需要的属性

商品必须有使用价值，因为只有商品具有使用价值，才能满足人们的需要，人们才会购买。例如，水能满足人们口渴的需要，羽绒服能满足人们保暖的需要，汽车能满足人们出行的需要，洗衣机能满足人们洗衣服的需要。

（二）商品的价值是凝结在商品中无差别的人类劳动，通常会通过价格展现出来

例如，一瓶矿泉水 1 元，一件运动服 300 元，一辆汽车 150 万，一台全自动洗衣机 4000 元。

商品的交换双方为买方与卖方。在交换过程中，卖方为了得到商品的价值，必须让渡商品的使用价值；买方为了得到商品的使用价值，必须让渡商品的价值（即必须付出货币）。因此，商品是使用价值和价值的统一体，二者同时存在，缺一不可。

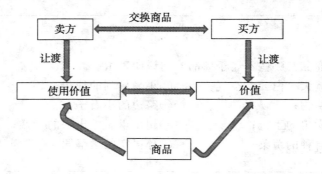

⊗【情景模拟】

如果你是销售人员，现派你去五台山景区推销梳子，你会如何选择消费群体，又会如何开发梳子的使用价值进行推销？小组活动：在班内模拟梳子推销现场。

消费群体：_____

使用价值：_____

三、商品的构成

人们购买商品时首先关注的是商品的有用性。商品的有用性必须通过有形的实体商品和无形的服务来实现，因此，商品的构成可以分成三部分，即核心部分、形式部分、附加部分。

（一）核心部分

核心部分是商品的使用价值，即有用性，这是消费者真正的需求。例如，消费者购买空调是为了获得凉爽的环境，消费者购买手机是为了与他人沟通或是娱乐所需。

（二）形式部分

形式部分是商品的外在形式，主要包括商品的成分、结构、外观、造型、质量、商标、品牌、使用说明书、标志、包装等。商品的使用价值必须通过商品的形式部分才能充分展示出来。

例如，冰红茶是夏季畅销的饮品，其主要成分是红茶，用塑料瓶装，瓶子以橘黄色为主色调，瓶身为内嵌花纹、上窄下宽的立体型，瓶身包装上印有主要成分、容量、生产日期、生产厂家、质量标志等信息。

（三）附加部分

附加部分是人们在购买商品时所获得的附加利益的服务，如商品信息咨询、送货上门、免费安装调试、免费培训、提供信贷、售后保证与维修服务、包退包修包换三包服务等。

例如，格力空调会将空调送到消费者家中，并且进行安装调试，针对代理商还会召开专门的培训会，如果空调在保修期内出现问题，消费者会享受到售后维修服务等。

实训项目 1.1：手机设计与推销

 **案例阅读**

小米的崛起

小米成立于 2010 年 4 月，是一家专注于高端智能手机自主研发的移动互联网公司，其由行业内的顶尖高手组建，目前已获得来自 Morningside、启明、IDG 和小米团队的 4100 万美元投资，其中小米团队 56 人投资 1100 万美元，公司估值 2.5 亿美元。

"小米"取自"mi"：首先是 Mobile Internet，小米要做移动互联网公司；其次是 mission impossible，小米要完成不能完成的任务，用小米和步枪来征服世界。小米的 LOGO 倒过来是一个心字，少一个点，意味着让用户省一点心。

米聊、MIUI、小米手机是小米科技的三大核心产品。2010 年年底，手机实名社区米

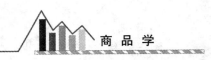

聊问世，其在推出半年内注册用户突破 300 万。在 2011 年 7 月 12 日召开的新闻发布会上，雷军正式携小米科技的所有高管亮相，并发布了小米科技的手机、MIUI 和米聊三大产品战略。

2011 年 8 月 16 日，小米手机在北京 798 艺术中心 D·PARK 北京会所举行发布会，正式发布小米手机，售价为 1999 元。这是国内首款 1.5GHz 双核处理器手机，配 1G 内存、800 万像素相机、1930 mAh 电池，内置 MIUI 系统，基于 Android 2.3.5 深度定制，支持无锁刷机，可以刷原生 Android 系统。

小米手机最初采用秒杀限量的"饥饿营销"模式出售，让人有种想买买不到的心情。这一规则的限制让更多的人对小米手机充满了好奇，越来越多的人加入了秒杀大军。

小组任务

借鉴小米手机案例，进行新品牌手机设计及推销

1. 活动形式：小组参与集体设计及展销会。

2. 活动时间：45 分钟。

3. 活动目的：加深学生对商品的概念及基本属性的认识；提升小组的团队协调能力及设计、创新、推销能力。

4. 活动步骤。

步骤一：小组设计新品牌手机。

项　　目	内　　容
品　　牌	
商　　标	
基本功能	
拓展功能	
外观造型	
颜色尺寸	
包　　装	
营销方式	
销售渠道	
售后服务	

步骤二：新品牌手机海报设计。

（1）海报设计应包含手机商品的核心部分、形式部分与附加部分；

（2）海报应包含文字、图案、色彩、商标等说明要素；

（3）海报的文字、图案、色彩、商标等应符合手机品牌理念；

（4）组内分工明确，主题突出，布局合理。

步骤三：手机新品展销会。

（1）展销会时间：＿＿＿＿＿＿＿＿＿＿＿＿＿＿＿＿＿＿＿＿＿＿＿＿＿＿＿

（2）展销会地点：＿＿＿＿＿＿＿＿＿＿＿＿＿＿＿＿＿＿＿＿＿＿＿＿＿＿＿

（3）展销会参会人员：＿＿＿＿＿＿＿＿＿＿＿＿＿＿＿＿＿＿＿＿＿＿＿＿

（4）展销会现场解说词：（以海报为核心）

＿＿＿＿＿＿＿＿＿＿＿＿＿＿＿＿＿＿＿＿＿＿＿＿＿＿＿＿＿＿＿＿＿＿＿＿＿

＿＿＿＿＿＿＿＿＿＿＿＿＿＿＿＿＿＿＿＿＿＿＿＿＿＿＿＿＿＿＿＿＿＿＿＿＿

＿＿＿＿＿＿＿＿＿＿＿＿＿＿＿＿＿＿＿＿＿＿＿＿＿＿＿＿＿＿＿＿＿＿＿＿＿

小组评价

小组综合评价表

组　别	评价内容及分值					
	组内学生分工明确（20分）	组内学生参与程度（20分）	海报设计内涵丰富（20分）	展销会组织有序（20分）	小组创新（20分）	总　分（100分）
第1组						
第2组						
第3组						
第4组						
第5组						
第6组						
第7组						
第8组						
总评价						
备　注						

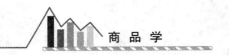

任务二　商品学的研究对象和方法

任务目标

知识目标：掌握商品学的研究对象及任务，熟练运用商品学的基本研究方法。

技能目标：能熟练运用商品学的研究方法对常用商品质量进行鉴别，能灵活运用研究方法解决商品现实问题。

素养目标：锻炼学生的自主分析能力，增强学生的实践探索能力。

案例分析

宝洁 VS 联合利华

宝洁和联合利华都是制造洗衣粉的公司，因为中国洗衣粉市场竞争激烈，所以两大巨头展开了激烈竞争。最初两家公司都宣称自己的产品可以把衣服洗得很白，接着竞争的焦点集中在"不但能将衣服洗白而且非常亮丽，像新的一样"，之后它们都宣称自己的产品可洗净衣服上的污点，包括泥渍和汗渍。两家公司不分上下。

后来，联合利华想出一招，将洗衣粉做得像方糖一样，并标注：衬衣需一块，牛仔裤需两块，棉大衣需三块。方糖洗衣粉入水能迅速溶解。这样，消费者在洗衣服时，只需根据所洗衣物确定使用的方糖洗衣粉的数量，扔进洗衣机即可，不再像以前为倒多少洗衣粉而发愁了。

联合利华这种方糖洗衣粉一经推出，其市场份额便大幅度上升，宝洁的一些固定用户也转而使用联合利华的产品。

【想一想】

1. 洗衣粉的使用价值有哪些？

2. 如果你是宝洁公司洗衣粉商品的负责人，你准备如何应对联合利华的成功反击？

理论知识

一、商品学的研究对象

商品学是研究商品的学科，是研究商品使用价值及其变化规律的科学。因此，商品学的研究对象是商品的使用价值。

商品的使用价值是能够满足人们某种需要的属性，即商品的有用性。商品的使用价值包括商品的自然属性、社会经济属性。

商品的自然属性包括商品的外形、结构、成分、化学性质、物理性质、生物性质。

商品的社会经济属性包括商品的流行性、时代感、地区性、民族性和经济性。

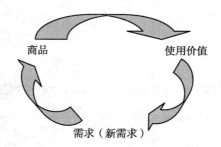

案例拓展

猪肉的变迁

1. 猪肉的使用价值

性平味甘，有润肠胃、生津液、补肾气、解热毒的功效，主治热病伤津、消渴羸瘦、肾虚体弱、产后血虚、燥咳、便秘、补虚、滋阴、润燥、滋肝阴、润肌肤、利小便和止消渴。

2. 猪肉的自然属性

物理外形：白肉，细腻；

红肉，大理石纹；

肉皮，乳白色，凹凸状。

化学成分：水分、蛋白质、脂肪、维生素C；

钾、钠、钙、铁、锌。

生物结构：猪头、猪尾、猪身、猪腿等结构。

3. 猪肉的社会经济属性

流行性：新阿胶、酱猪蹄、猪皮冻。

时代感：远古人烤肉、宋朝东坡肉。

地区性：张家口熏肉、平遥熏肉、四川腌肉、广州烤乳猪。

经济性：火腿肠、五花肉等价格差异。

4. 故事链接

东坡肉是杭州传统风味菜肴中的一朵奇葩，以色泽红艳、汁浓味醇、肉酥烂而不碎、味香酥而不腻为特点。

说起"东坡肉"，还流传着一段有趣的故事。

苏东坡在杭州做官时，组织民工在西湖筑了一道堤，能使四周的田地不怕涝，不愁旱，庄稼连年丰收。老百姓为了感谢苏东坡，那年过春节，城里男女老少抬猪担酒来给他拜年。苏东坡感到盛情难却，便收下了猪肉，叫人切成方块，烧得红酥酥的，然后按民工的花名册，挨家挨户把肉分送给他们过年。老百姓看到苏东坡不忘民工，越发爱戴他，于是把他送来的肉称作"东坡肉"，吃起来更觉味道鲜美。

那时，杭州有家大菜馆，菜馆老板见人们夸赞"东坡肉"，就和厨师商量，也把肉切成方块，烧得红酥酥的，挂出"东坡肉"的牌子。牌子一挂出来，那家菜馆的生意就兴隆极了，从早到晚，顾客不断。

【创意竞赛】

如果你的家在山区，而你家后山有很多石头，你会怎样利用石头致富呢？

_____

_____

【练一练】

服装的使用价值探析

服装的使用价值		
服装的自然属性	物理外形	
	化学成分	
	生物结构	
服装的社会经济属性	流行性	
	时代感	
	地区性	
	民族性	
	经济性	

二、商品学的研究任务

商品学是为商品流通和商品消费服务的一门科学，是对商品从规划开发、生产、流通、消费到废弃全过程实行科学管理和决策服务的一门应用学科。商品学研究的具体任务有如下五点。

（一）指导商品使用价值的形成

通过商品资源、市场调查预测、商品的需求研究等手段，不仅为有关部门实施商品结构调整、商品科学分类、商品进出口管理与质量监督管理，以及制定商品标准、政策法规、商品发展规划提供决策的科学依据，而且能为企业提供有效的需求信息，有利于商品质量改进及新产品开发。

（二）评价商品使用价值的高低

通过商品检验与鉴定手段，确定商品质量标准，为生产者、中间商及消费者提供评价商品质量的依据。

（三）防止商品使用价值的降低

通过确定适宜的商品包装、运输、保管条件和方法，防止商品质量在运输、流通、消费过程中发生不良变化而造成损失。

（四）促进商品使用价值的实现

通过大力普及商品知识及消费知识，让消费者更好地认识和了解商品，学会科学地选购和使用商品，掌握正确的消费方式和方法，从而促进商品使用价值的最终实现。

（五）研究商品使用价值的再生

通过对商品废弃物与包装废弃物的处理、回收和再生政策、法规、技术等问题的研究，推动资源节约、再生和生活废物的回收利用，完成对社会、自然环境的保护。

◉【试一试】

请连线。

消　　费　　　　　　　指导商品使用价值的形成

生　　产　　　　　　　评价商品使用价值的高低

规划开发　　　　　　　防止商品使用价值的降低

废　　弃　　　　　　　促进商品使用价值的实现

流　　通　　　　　　　研究商品使用价值的再生

三、商品学的研究方法

（一）科学实验法

科学实验法是指在实验室内运用一定的实验仪器及设备，对商品的成分、构造、性能等进行理化鉴定的方法。这种方法的优点是：具有良好的控制和观察条件，所得出的结论正确可靠。它是分析商品成分、鉴定商品质量、研制新产品的常用方法。这种方法的缺点是：投资较大，需要一定的物质技术设备。

（二）现场实验法

现场实验法是指通过一些商品专家或有代表性的消费者群，凭借人体感官的直觉，利用人的感觉器官作为检验器具，对商品的色、香、味、手感、音色等感官质量特性做出评价的研究方法。

这种方法的优点是：简便易行，可通过试穿、试戴、试用进行商品质量评价。这种方法的缺点是：实验结果容易受参加实验者技术水平及人为因素的影响。

◉【试一试】

针对手机开展现场实验法测试，按照各项质量的高低进行排序。

手机项目	华为	苹果	VIVO	小米	三星
手感					
外观					
音质					

续　表

手机项目	华为	苹果	VIVO	小米	三星
像素					
开机速度					
关机速度					
录音					

（三）社会调查法

社会调查法是指在全面考察商品使用价值的基础上对商品质量进行各种社会调查，包括现场调查法、调查表法、直接面谈法和定点统计法。这种方法的优点是：可双向沟通，既可以将生产信息传递给消费者，又可以将消费者的意见和要求反馈给生产者。这种方法的缺点是：耗费时间和资源，统计信息量大。

（四）对比分析法

对比分析法是指将不同时期、不同地区、不同国家的商品资料收集起来进行分析比较，从而找出提高商品质量、增加商品种类、拓展商品功能的新途径。这种方法的优点是：可改进商品质量，实现商品的升级换代，更好地满足消费者的需求。这种方法的缺点是：统计数据量大，商品改进具有不可预测性。

（五）技术指标法

技术指标法是指在科学实验的基础上，对一系列同类商品，根据国内或国际生产力发展水平确定质量技术指标，供生产者和消费者共同鉴定商品质量的方法。这种方法的优点是：有利于促进商品质量的提升。这种方法的缺点是：确定各类商品的指标体系是一项复杂而艰巨的工程。

◎【议一议】

1999 年冬，北华饮业调研总监为测验推出的新口味饮料能不能被消费者接受，组织了 5 场双盲口味测验：在一间宽大的单边镜访谈室内，桌子上摆满了没有标签的杯子，杯子里有不同口味的饮料，被访问者先品尝饮料，之后将口感写到卡片上。

调查显示，超过 60% 的被访问者不能接受凉茶，因为国人素来是热茶品茗，忌喝隔夜茶，而口味清淡的冰茶更不能被接受。新产品被弃用。但 2000 年，以旭日升为代表的凉茶在全国旺销。北华饮业开始反思，是自己的调研及预测失误了。

你认为北华饮业的调查预测失败的原因是什么呢？

_____

_____

实训项目 1.2：李维牛仔裤市场调查

 **案例阅读**

李维牛仔裤的崛起

李维·施特劳斯是德国犹太人。19 世纪 40 年代后期，美国加利福尼亚州发现了金矿，出现淘金热。李维随哥哥开始做帐篷生意，后因巧遇淘金工人，转而生产帆布裤子。李维公司经过 160 多年的发展，已经由工装服装发展成为一种时尚服装，行销世界。

李维公司的设计人员了解到很多美国妇女喜欢穿男式牛仔裤，于是设计了很多款女式牛仔裤、牛仔裙在专卖店让新客户进行试穿。

1974 年，为拓展欧洲市场，李维公司专门设计了"牛仔裤调查表"对消费者进行调查，向顾客提出问题："你们穿李维的牛仔裤，是看重它价格低、样式好还是合身？"调查发现，多数人对牛仔裤的要求是合身。于是公司派专人在德国各大学和工厂进行全身试验，一种颜色的裤子竟生产出 45 种不同规格、不同尺寸的款式。

李维公司为了能在牛仔裤市场站稳脚跟，专门派出调研人员对不同国家、不同品牌的牛仔裤进行对比分析，以此来对本公司的牛仔裤进行质量改进及提升。

小组任务

牛仔裤的市场调查

1. 活动形式：小组参与开展牛仔裤市场调查。

2. 活动时间：45 分钟。

3. 活动目的：加深学生对市场调查重要性的认识，让学生学会如何进行市场调查，掌握市场调查的时间、地点、内容、目的、注意事项等问题，锻炼学生的自主分析能力和小组策划能力。

4. 活动步骤。

步骤一：李维公司为什么要对欧洲市场进行调查？

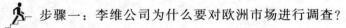

步骤二：李维牛仔裤用到了几种商品学研究方法？

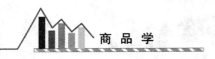

步骤三：你喜欢什么样的牛仔裤？

_____

_____

步骤四：如果让你设计"李维牛仔裤调查问卷"，你会如何设计呢？（问卷应包含单选、多选、判断、自由问答题等多种题型，问题不少于 12 个）

李维牛仔裤调查问卷

步骤五：请利用问卷星发布"李维牛仔裤调查问卷"进行调查，并根据调查结果写出简要的调研报告。

_____

_____

_____

_____

 **小组评价**

小组综合评价表

组 别	评价内容及分值					
	组内学生分工明确（20分）	问题分析精准透彻（20分）	问卷设计合理（20分）	问卷调研报告详细（20分）	小组创新（20分）	总 分（100分）
第1组						
第2组						
第3组						
第4组						
第5组						
第6组						
第7组						
第8组						
总评价						
备 注						

商 品 学

项 目 二

商 品 质 量

💲 引导案例

　　1985 年，海尔从德国引进了世界一流的冰箱生产线。一年后，有用户反映海尔冰箱存在质量问题。海尔公司在给用户换货后，对全厂冰箱进行了检查，发现库存的 76 台冰箱虽然不影响冰箱的制冷功能，但外观有划痕。时任厂长的张瑞敏决定将这些冰箱当众砸毁，并提出"有缺陷的产品就是不合格产品"的观点，在社会上引起极大的震动。

　　🔲【论一论】

　　1. 案例中的青岛海尔公司将这些冰箱当众砸毁是否可取？

_____

　　2. 你是否认同案例中提出的"有缺陷的产品就是不合格产品"的观点？

_____

　　3. 你若是厂长会如何处理此事？

_____

　　4. 你认为什么样的冰箱才是质量好的冰箱呢？

_____

_____

任务一　商品质量的概念及构成

⚙ **任务目标**

　　知识目标：了解商品质量的概念，掌握商品质量概念的动态性，掌握商品质量在外观形式上、形成环节上和有机组成上的构成。

技能目标：能清晰地界定商品质量，能将商品质量概念及商品质量构成运用到营销实践中。

素养目标：锻炼学生的逻辑分析能力，提升学生的理论应用能力，增强学生的团队协作能力及表达能力。

案例分析

2008 年 6 月 28 日，兰州市解放军第一医院收治了首例患"肾结石"病症的婴幼儿。家长反映，孩子从出生起，就一直食用河北石家庄三鹿集团所产的三鹿牌婴幼儿配方奶粉。7 月中旬，甘肃省卫生厅接到医院婴儿泌尿结石病例报告后，随即展开调查，并报告卫生部。随后短短两个多月，该医院收治的患婴人数迅速扩大到 14 名。9 月 11 日，除甘肃省外，中国其他省区都有类似案例发生。当晚卫生部指出，近期甘肃等地报告多例婴幼儿泌尿系统结石病例，调查发现患儿多有食用三鹿牌婴幼儿配方奶粉的历史。

【议一议】

1. 你认为三鹿牌婴幼儿配方奶粉是否存在商品质量问题？

_____

2. 请你从商品质量概念的角度对三鹿牌婴幼儿配方奶粉事件进行分析。

_____

_____

理论知识

一、商品质量概念

商品质量是指商品满足规定或潜在要求的特征和特性的总和。这里的规定是指国家或国际有关法规、质量标准或买卖双方的合同要求等方面的人为界定。潜在要求是指人和社会对商品的适用性、安全性、卫生性、可靠性、耐久性、美观性、经济性、信息性等方面的人为期望。商品质量是商品具备适用功能，满足规定和消费者需求程度的一个综合性的概念。

商品质量是衡量商品使用价值的尺度，这个尺度是人们在实践中得出的科学结论。我国国家标准 GB6583—1986 中对质量的定义是：产品、过程或服务满足规定或潜在要求（或需要）的特征和特性的总和。

我国商品学领域一般认为，商品质量有广义和狭义之分。狭义的商品质量是指商品与其规定标准技术条件的符合程度，它以国家或国际有关法规、商品标准或订购合同中的有关规定为最低技术条件，是商品质量的最低要求和考核商品质量是否合格的依据。广义的商品质量是指商品具有满足明确和隐含需要的能力的特性和特征的总和，是市场商品质量的反映。

商品质量的基本要求

食品	营养成分、可消化率、发热量、安全性、卫生性、颜色、香气、滋味、外形等
纺织品	起毛性、起球性、缩水性、刚挺度、悬垂性、舒适性、耐用性、卫生安全性、抗静电性、美观性（外观、风格、色泽、装饰、图案、文化内涵）等
住房	地理位置、周围公共设施、工程质量、层数、层高、户型、五证是否齐全、装修、耐住性等
日用品	适用性、坚固耐用性、卫生安全性、结构合理性、外观、舒适性、美观性（造型、款式、装饰、色泽、花纹、图案）等
汽车	功率、耗油量、造型、安全性、经济性、美观性、装饰、做工、加速性、隐私性、舒适性、耐用性等
服务	功能性、时间性（及时、准时、省时）、安全性、经济性、舒适性等

◎【议一议】

以下哪些属于商品质量问题？哪些不属于商品质量问题？请说明理由。

①全棉衬衣具有透气性；　　　　　　②空调可以制冷；

③彩电可以看到彩色画面但没有配音；　④刚买的水笔写不出字来；

⑤新买的手机声音太小；　　　　　　⑥毛衣掉色起球；

⑦新购的面包有霉点；　　　　　　　⑧青苹果的味道酸甜。

◎【谈一谈】

在购买以下商品时，你会注重这些商品哪些方面的质量？

手机：_____

衣服：_____

牙膏：_____

汽车：_____

二、商品质量的性质

（一）商品质量具有针对性

商品的质量是针对一定使用条件和一定用途而言的。各种商品均需在一定使用条件和范围内按设计要求或食用要求合理使用。若超出它的使用条件，即使是优质品也很难反映出它的实际功能，甚至会完全丧失其使用价值。

例如：冰箱只能用来制冷，如果要求它同时具有保暖的功效则是不可能的；雨衣具有防雨的功能，如果要求它同时具有防辐射、防晒、防火的功能则是不现实的。

（二）商品质量具有相对性

商品质量相对于同类商品（使用目的相同）的不同个体而言，是一个比较的范畴。例如：空调市场竞争激烈，格力、海尔、美的空调都具有制冷的功效，但是它们在耗电量、排放量、耐用程度、环保性等方面具有一定的差异性。

对一般商品来说，可以通过简单的比较和识别来观察，而对某些商品则要有严格的质量指标规定。例如：汽车的安全系数需要专业的指标体系，手机的防水度测量需要专业仪器测定等。

（三）商品质量具有可变性

商品质量是一个动态的概念，表现在其具有时间性、空间性和消费对象性。

商品的特性会随着科技的进步而发展，而且人们消费水平的提高和社会因素的变化对商品质量也会不断提出新的要求；即使同一时期，因时间、地点、消费对象的不同，对商品的质量要求也不一样；消费者职业、年龄、性别、经济条件、宗教信仰、文化修养、心理爱好等不同，对质量要求也具有很大的差异性。

例如：人们在春夏秋冬不同的季节对衣服的质量要求不同，不同国家的消费者对饮食的质量要求不同，不同年龄层及不同行业的消费者对汽车的质量要求不同等。

❂【趣味思考】

服装质量的动态性体现在哪些方面呢？

服装质量的动态性	服装质量的动态性表现
服装的时间性	
服装的空间性	
服装的消费对象性	

◎ 案例分析

海尔洗衣机质量的动态性

海尔集团是我国家电行业的龙头，其针对不同层次消费者的需要推出相应的产品。

（1）针对我国江南地区"梅雨"季节洗衣不易干的情况，推出了洗涤、脱水和烘干于一体的海尔"玛格丽特"三合一全自动洗衣机。

（2）针对北方水质较硬的情况，推出"爆炸"洗净的气泡式洗衣机。

（3）针对生产红薯的西南地区，研发了"大地瓜"洗衣机；针对生产龙虾的沿海城市，研发了"洗虾机"；针对西藏的独特酥油饼，研发了"打酥油机"。

（4）根据农村居民收入水平的不同，海尔针对较富裕的农村地区推出了"小康"系列滚筒洗衣机；针对广大农村市场，推出价格低、宽电压带、外观豪华的"小神螺"洗衣机。

（5）针对皮肤敏感的婴儿，推出了不用洗衣粉的杀菌洗衣机。

（6）针对夏天推出小小神童洗衣机。

❂【想一想】

海尔洗衣机质量的动态性体现在哪些方面？

以上反映海尔洗衣机时间性的为：＿＿＿＿＿＿＿＿＿＿＿＿＿＿＿＿＿＿

以上反映海尔洗衣机空间性的为：＿＿＿＿＿＿＿＿＿＿＿＿＿＿＿＿＿＿

以上反映海尔洗衣机消费对象性的为：＿＿＿＿＿＿＿＿＿＿＿＿＿＿＿＿

三、商品质量的构成

（一）在表现形式上，商品质量由外观质量、内在质量和附加质量构成

外观质量主要指商品的外表形态，包括外观构造、质地、色彩、气味、手感、表面疵点和包装等一切能够被人的感觉器官感觉到的质量特性。

内在质量是指商品通过测试、实验手段而反映出来的商品特性，包括商品的实用性、可靠性、寿命、安全与卫生性等方面，如商品的物理性质、化学性质、生物学性质及机械性质等。

附加质量主要指商品信誉、经济性、销售服务等。

（二）在形成环节上，商品质量由设计质量、制造质量和市场质量构成

设计质量是指在生产过程以前，设计部门对商品品种、规格、造型、花色、质地、装潢、包装等在设计过程中形成的质量因素。

制造质量是指生产过程中所形成的符合设计要求的质量因素。

市场质量是指在整个流通环节过程中，对已在生产环节形成的质量的维护保证和附加的质量因素。

（三）在有机组成上，商品质量由自然质量、社会质量和经济质量构成

自然质量是指商品自然属性给商品带来的质量因素。

社会质量是指商品满足全社会利益需要的程度，如商品在其生命周期中是否对环境造成污染、是否浪费有限的资源和能源、是否违反社会道德等。一种商品不管其技术如何进步，只要会损害社会利益，就难以生存和发展。

经济质量是指人们按其真实的需要，希望以尽可能低的价格获得尽可能优良性能的商品，并且在消费或使用中付出尽可能低的使用和维护成本，即物美价廉的统一程度。

实训项目 2.1：品牌鞋的设计与推销

 案例阅读

温州鞋的质量之路

1987 年 8 月，5000 余双劣质温州鞋在杭城武林广场被付之一炬。随后全国许多城市商场拒售温州鞋。1990 年，原轻工业部等六部委联合发出通知，将温州产皮鞋列为重点整治对象。随后的几年时间里，温州鞋成为假冒伪劣的代名词。当年的"火烧温州鞋"事件至今还作为失信案例供人们警示。

如今，温州已经成为名副其实的名牌之都，但温州企业家为此付出了多年的努力。同

样是在杭州武林，1999 年，温州奥康鞋业集团董事长王振滔和浙江皮革协会领导以及温州市的领导点燃了一把火，2000 多双假冒奥康等名牌产品的劣质鞋在熊熊大火中化为灰烬。从被别人烧鞋到烧别人的鞋，温州终于走出了"火"的阴影。

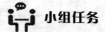 **小组任务**

品牌鞋的设计及推销

1. 活动形式：小组参与集体设计及推销。
2. 活动时间：45 分钟。
3. 活动目的：加深学生对商品质量概念及质量性质的认识，引导学生加深对实物商品质量的认知，锻炼学生的发散思维、团队协作能力及推销能力。
4. 活动步骤。

 步骤一：小组分析鞋的质量动态性表现在哪些方面。

鞋的质量动态性表现

时间性	
空间性	
消费对象性	

 步骤二：小组讨论鞋的质量因素有哪些。

鞋的质量构成表

外观质量	
内在质量	
附加质量	

 步骤三：假设各小组为某一品牌鞋商，现需要各品牌鞋商设计并推销一款新品鞋去参加鞋业展览会，你们会如何设计呢？

新品鞋设计方案

季节	
款式	
消费对象	
功能	
售后	
销售渠道	
营销策略	

 步骤四：现在是鞋业展览会现场，请各设计组派代表介绍设计的新品鞋，其他组可模拟鞋业购销商进行鞋品评鉴。

新品鞋介绍：_____

_____

_____

　　鞋业购销商评鉴：_____

_____

小组评价

小组综合评价表

组　别	评价内容及分值					
	组内学生分工明确（20分）	组内学生参与程度（20分）	质量构成分析准确（20分）	设计内容贴合市场（20分）	小组创新（20分）	总　分（100分）
第1组						
第2组						
第3组						
第4组						
第5组						
第6组						
第7组						
第8组						
总评价						
备　注						

任务二 影响商品质量的因素

任务目标

知识目标：认识商品生产、流通、消费全过程对商品质量的影响。

技能目标：能利用影响商品质量的因素对具体商品质量进行分析，并能够运用到营销实践中。

能力目标：锻炼学生的理论应用能力、自主分析能力及团队协作能力。

案例分析

神户牛肉是日本料理中的珍品，曾被美国媒体评选为"世界最高级八大食物"之一，平均每公斤 3 万到 4 万日元（约合 2400 元到 3200 元人民币）。神户牛肉的肉质肥瘦均匀，入口即溶，香而不腻，肉面细致精美的纹路如同大理石花纹，被称为牛肉中的"劳斯莱斯"。

日本神户市但马地区是极品和牛的原产地之一，这里专门培育达"神户牛"级数的和牛。但是，并非所有神户出产的牛都可以称为"神户牛"。神户牛肉是日本人根据牛的成长生理特点，经过科学合理的饲养，出产的一种高品质的牛肉。

对于真正的神户牛，要求是非常严格的。首先，它要出身"名门望族"，必须是在神户出生及长大的纯正但马牛血统，血统中一滴杂血也不能混入。每只出生的子牛会由政府发出"子牛登记证"，列明血统，打上鼻印。其次，这里的牛要经过脂肪混杂率、颜色、细腻度等项目的评定，达到 A4 或 A5 级以上才有资格成为神户牛。因此，当地出产的牛中只有极少数能称为神户牛。一头 500 公斤的神户牛身上只有 6 公斤是 A5 级牛肉。

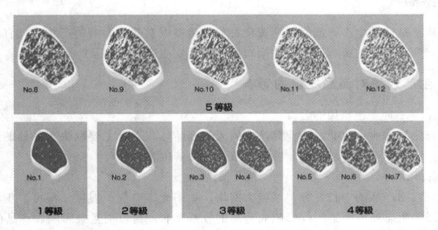

出产神户牛肉的日本但马地区有山有溪：溪水中富含矿物质，是不折不扣的"矿泉水"；山上生长的牧草中还夹杂着药草。神户牛就是这样喝着"矿泉水"、吃着"药膳"长大的。可是，这还不是其美味的全部原因。传说中，神户牛还会喝啤酒，享受按摩。据农场主介绍，因为牛长到一定程度会出现食欲减退的现象，所以他们会喂自家的爱牛喝啤酒以增进食欲。此外，为了帮助牛减轻"精神压力"而安心成长，养牛人还会定期用梳子给牛做按摩，用烧酒涂抹其毛皮，据说这样可以加强牛的血液循环，使皮下脂肪更均匀，也是人牛交流的过程。倾注了这么多的爱心，难怪生产出的神户牛肉令人回味无穷呢。

在流通过程中，价值十多万的神户牛肉会存放于恒湿、恒温控制的环境下冷藏28天，使其水分流失，肉质纤维更紧密，口感更佳。神户牛肉的烹调方法多种多样，可做寿喜烧火锅、涮食、铁板烧或生食，具有极高的营养价值。

◎【想一想】

1. 神户牛肉为什么被称为"牛肉中的'劳斯莱斯'"？

_____

2. 牛肉具备哪些特征才能被称为真正的神户牛肉？

_____

3. 为什么神户牛肉的色、香、味及营养价值与其他牛肉有这么大的差异呢？

_____

4. 你认为影响牛肉质量的因素有哪些？

_____

_____

_____

⚙ **理论知识**

商品质量是商品生产、流通和消费全过程中诸多因素共同影响的产物，只有分析和掌握这些影响商品质量的所有因素，才能对商品质量实施有效控制及改进。

一、生产过程对商品质量的影响

（一）影响农副产品质量的因素

来自农业、林业、牧业、渔业等产业的天然商品，其质量主要取决于品种的选择、栽培、饲养方法、生长的自然环境、收获季节及方法等因素。

1. 生长环境

环境与农副产品的生长发育关系极为密切，如阳光、空气、温度、湿度、土壤、年降水量、风级等生态环境因素不仅影响农产品的收获期和产量，而且会影响农产品的质量。

2. 动植物品种

动植物品种决定动植物产品的产量和质量，因此，生产者都把种畜、种子和种苗标准化作为重要工作来抓，有计划地培育优良种畜、种子和种苗。例如：将牛的基因移入猪体内可培育出理想的瘦肉型猪源，大豆与水稻细胞融合后形成高蛋白水稻，将种子放入宇宙飞船培育优良的太空种子等。

一粒种子，改变世界

在人类发展的关键时刻，一位"神农"捧出了拯救世界性饥饿的法宝——杂交水稻，创造了一个风靡世界的绿色神话。这位"神农"就是袁隆平。

袁隆平带领他的中国科研队伍，穿越科学的阴霾，赋予世界强大的战胜饥饿的力量。中国的杂交水稻因此被世界称为"东方魔稻"。

袁隆平是杂交水稻研究领域的开创者和带头人，他致力于杂交水稻的研究，先后成功研发出"三系法"籼型杂交水稻、"两系法"杂交水稻及超级杂交稻一期、二期。与此同时，袁隆平提出并实施"种三产四丰产工程"，创建了超级杂交稻技术体系，使我国杂交水稻研究始终居世界领先水平。

截至 2017 年，杂交水稻在我国已累计推广超 90 亿亩，共增产稻谷 6000 多亿公斤。袁隆平的杂交水稻技术帮助世界克服了粮食短缺和饥饿问题，为我国粮食安全和世界粮食供给做出了卓越贡献。

1973 年，在一株奇特的野生水稻的帮助下，袁隆平带领李必湖等人一起进行的杂交水稻研究终于取得了成功，使水稻的亩产量由原来的 300 千克一下子提高到了 500 千克。

袁隆平带领各国来宾参观杂交水稻试验田

3. 栽培饲养技术

植物在栽培过程中的播种、施肥、灌溉等环节都有专门的技术，只有掌握了各种作物的生长发育规律，按照作物特点进行合理种植，才能使作物高产优质。例如：瓜果类作物应使用适量氮肥、磷肥和钾肥，使其茎叶茂盛、果实多、质量优；花生的特点是地上开花，地下结果，必须在开花授粉后及时封垅，使其高产饱满。

在动物的饲养过程中，养殖员必须遵循其成长和发展的规律，在饲料配方、病疫防护、饲养技术等方面进行科学管理。

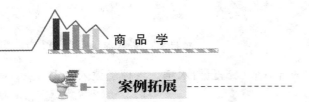
案例拓展

小雏鸡，大学问

雏鸡买回后，第一周的温度应控制在 34—35 ℃以内，从第二周起，每周需要降低 2 ℃，直到第六周为止。保温的方法视鸡的多少而定，鸡比较少可用纸箱和灯泡，即将雏鸡放在箱内，挂上一个 60 瓦左右的灯泡，同时放上水瓶、食槽。雏鸡第一周要求 24 小时光照，以保证雏鸡昼夜都能采食和饮水，促进其生长发育，以后每周减少 2 小时，直到夜间不开灯。光照和保温可以结合起来进行。纸箱育雏，如温度不够，可加开水在容器内用布包起来，置于箱内加热。鸡比较多可用育雏室，室内用煤炉等加温，但煤烟应用铁管排出室外。为保证温度的准确性，除观察雏鸡的状态外，室内应挂温度计，同时勤除粪便。

雏鸡出壳 24 小时后即可饮水喂食，将育雏料放在料桶内让其自由采食，同时在水杯内放入清水。在育雏的头 20 天，雏鸡饮用冷开水，以后可饮用井水或自来水。由于雏鸡采食量少，新陈代谢旺盛，为防止营养不良，头 10 天内必须在水中加入 8%—10% 浓度的葡萄糖和水溶性多种维生素，保证雏鸡的正常生长。

4. 收获季节及方法

农副产品成熟大多具有季节性，而且具有特定的收获方法，只有在合适的季节，采用适用的收获方法，才能让产量达到最佳，质量达到最优。例如：小麦在夏季收获，玉米在秋季收获，人工收获和机器收获的产量不同；兔子的成长周期为 4 个月，肉鸡的生长周期在 6 周左右。

【趣味思考】

为什么新疆葡萄干的质量比其他地方葡萄干的质量好？

_____

_____

（二）影响工业品商品质量的因素

对于工业品商品来说，其质量主要取决于市场调研、商品开发设计、原材料质量、生产工艺、成品检验及包装环节等因素。

1. 市场调研

市场调研是商品开发设计的基础。在开发设计之前，首先要充分研究消费者的需求，因为满足消费者的需求是商品质量的出发点和归属，其次要研究影响消费者需求的各种因素，最后通过收集、比较、分析国内外其他不同生产者的商品质量信息确定产品的质量等级、品种规格、数量、价格等信息。

2. 商品开发设计

开发设计是形成商品质量的基本前提，其包括原材料配方、结构原理、性能、形式、外观结构、包装装潢设计等方面。如果开发设计出现问题，那么会给商品质量带来致命的伤害。如果设计出了差错，那么制作工艺再高超也生产不出合格的产品。

棒棒糖的改变

1987年，美国两个邮递员科尔曼和施洛特看到两个小孩子手持发亮光的荧光棒，于是突发奇想：小孩子喜欢吃棒棒糖，如果将棒棒糖放在荧光棒的顶端，会非常奇幻。于是，"荧光棒棒糖"诞生了。

后来二人发现棒棒糖舔起来非常费劲，吃的力度也不均匀，于是他们研发了"旋转棒棒糖"。开普勒糖果公司的负责人奥金发现了"旋转棒棒糖"后，与二人合作，研发出了电动牙刷。2001年，宝洁公司将他们三人招入旗下，并付了4亿美元将牙刷的专利买断。

3. 原材料质量

原材料是构成商品的物质基础，原材料的成分、结构、性质对商品质量的高低起着决定性作用。例如：以春茶为原料制出的绿茶和花茶有益的成分含量高，色、香、味好，而以老叶为原料制出的茶叶质量差；用牛、羊脂做的肥皂的去垢力强而且耐用；优质棉能纺出优质纱并织出优质棉布，制成的服装透气性、吸湿性更好；用坚韧的特制塑料盒玻璃黏合制成的安全玻璃具有防盗、防弹、防爆功能。

4. 生产工艺

生产工艺主要指产品的配方、加工方法以及技术水平等。商品的有用性、外形和结构都是在生产过程中形成的，因此生产工艺是影响商品质量的关键因素。例如：刚采摘的新鲜茶树叶因生产工艺不同可加工成红茶、绿茶、乌龙茶等；鲜奶因生产工艺不同可制作成纯牛奶、酸奶、奶粉、雪糕等奶制品；电冰箱、录音机、电视机、手表等采用同样的材料和原件，由于装配、调试水平不同，商品质量也具有很大的差异性。

5. 成品检验与包装

成品检验是根据商品标准和其他技术文件的规定，判断成品及其包装质量是否合格的工作，这是保障产品质量的重要手段。

商品包装是商品质量的重要因素，合理良好的包装和装潢有利于对商品的储存养护，有利于商品的销售和使用，有利于提升商品的价值。

二、流通过程对商品质量的影响

流通过程指商品离开生产过程而尚未进入消费过程的整个过程，包括商品的运输、存

储、养护和销售服务等环节。

（一）商品的运输

运输是商品流通的必要条件。在运输过程中，商品质量会受到运程远近、运输时间长短、运输线路、运输方式、运输工具条件等因素的影响，也会受到温度、湿度、风雨、日光等自然条件的影响。因此，不同的商品在运输过程中应根据其特性选择合适的运输路线、运输工具和运输方式。例如：鲜花的保质期时间短，昆明的鲜花市场常常采用空运的方式开展鲜花批发业务；鸡蛋容易破碎，因此在运输中会使用鸡蛋托盘对其进行保护。

（二）商品的存储和养护

商品的存储是商品流通的一个重要环节。商品在存储期间的质量变化与商品的性质、储存场所的环境条件（如温度、湿度、空气成分、微生物及害虫等）、养护技术和措施、储存期的长短等因素有关。

**案例拓展**

苹果的储存与养护

苹果放在冷库里贮藏保鲜，一般能放 2 个月到 70 天的时间，贮藏温度尽量保持在 -1—$1\ ℃$，相对湿度保持在 85%—90%。

苹果放进冷库冷藏前需要整理包装好，避免碰撞、磨蹭和挤压，防止水分散失而导致苹果发黄发黑。苹果是采用气调保鲜冷藏箱完成运输过程的，运输中可能会对苹果造成一些碰撞，此时可以在其表面涂抹纳米硅级氧化物，这种物质可以保证苹果不受细菌及微生物等的侵蚀。

入库后待果温降到 $5\ ℃$ 左右再堆垛，在 3—5 天内使果温到达 $0\ ℃$。使用塑料薄膜小包装的膜袋苹果，也必须在果温降至 $5\ ℃$ 以下再扎口封箱堆垛，某些不耐二氧化碳的品种（如富士等）可不扎口，并要定期抽查，防止二氧化碳中毒。堆垛要稳固，最高处要低于冷风机风口 30 厘米，堆垛要离墙 20 厘米，堆垛下要设置 20 厘米高的垫木，筐、箱之间要留有空隙，便于通风对流换热。

青香蕉、印度、元帅、红玉、国光等品种在贮藏过程中易发生虎皮病。果实用含有二苯胺或乙氧基喹的包果纸包裹，每张包果纸含二苯胺或乙氧基喹 1.5—2 毫克，或果实浸泡于含乙氧基喹 0.25%—0.35% 的溶液片刻，然后冷藏，可有效抑制苹果虎皮病的发生。

（三）销售服务

商品在销售过程中必然离不开进货验收、陈列存放、提货搬运、装配调试、包装、送货、技术咨询、维修退换等工作，每个环节都涉及维护和损害商品质量的问题。例如：生鲜类产品的陈列排放及冷冻柜温度的调控会影响生鲜类商品的质量。

三、消费过程对商品质量的影响

（一）消费心理和消费习惯

消费者受时代、民族、宗教、区域、阶层、环境、职业、年龄、性别等因素的影响，消费心理和消费习惯具有很大的差异性，因此对商品的认知和追求也是不一样的。例如：不同年龄层的消费者对服装颜色、款式、原材料的需求不同，我国饮食素有南甜、北咸、东酸、西辣的习惯。

（二）使用方法与维护保养

商品的使用价值最终要在使用消费过程中得到实现。因此，正确使用和维护保养商品是保证商品质量、延长商品使用寿命的前提。消费者在使用商品的过程中应了解商品的结构、性能等特点，掌握正确的使用方法，具备一定的商品日常维护保养知识。例如：空调应定期清除过滤器表面的灰尘，定期更换过滤器，定期检查压缩机的吸气压力和排气压力是否正常。

（三）使用后的废弃处理

使用过的商品和包装物作为废弃品被丢弃到环境中，有些可以回收利用，有些则不能或不值得回收利用，有些不易被自然因素或微生物破坏分解，有些还会对自然环境造成污染，甚至破坏生态平衡。因此，消费者应增加环保意识，正确处理商品废弃物。例如：电池具有极强的放射性且可回收利用，消费者应将电池放入可回收垃圾箱中。

【议一议】

以下哪些属于影响商品质量的因素？哪些不属于影响商品质量的因素？请说明理由。

（1）用含蛋白质较多的大麦生产啤酒。

_____

（2）用含铁量较高的硅砂生产玻璃。

_____

（3）采用表面美化处理毛孔粗大的猪皮生产真皮制品。

_____

（4）小家电在运输过程中受潮不能正常使用。

_____

（5）粮食在储藏期间发霉。

_____

实训项目 2.2：闹钟枕头创意设计及推销

保健闹钟枕

目前，市面上出售的普通枕头一般只具有用来睡觉的单一功能，而这已不能满足人们日益变化的使用需求。长期工作压力大的人通常睡眠质量不好，经常会出现晚上睡不着或早上醒不来等情况，如何解决这类人群的睡眠问题成为目前亟待解决的问题。

市场上出现了一种带有闹钟的枕头，枕头本体的一侧设有抽拉部，其中抽拉部包括闹钟和用来供给闹钟电量的太阳能电池板。此外，枕头本体上还设有至少一个与所述闹钟相连通的扬声器。这种产品通过设置在抽拉部的闹钟以扬声器发声叫醒熟睡的人，并通过设置在枕头本体上的玉石凸起对人的头部和颈椎部位进行按摩。

在具体使用时，可将抽拉部拉出，将闹钟定好时间，然后送回到枕头中。当人枕到枕头上时，玉石凸起整晚都会对入睡者的头部及颈部起到良好的安眠按摩的作用。到设定时间后，闹钟会通过扬声器将声音传入人耳叫人起床。当闹钟没有电时，只需将抽拉部抽出，放置在阳光充足的地方对其进行充电即可。

这种新型产品具有结构简单、设计新颖、方便实用等优点。闹钟和按摩枕结合于一体，对长期处于疲惫的人们有良好的缓解症状的作用，在市场上受到众多消费者的热捧。

小组任务

借鉴闹钟枕案例，进行其他新型闹钟的调研、设计与推销

1. 活动形式：小组参与，设计加推销会。

2. 活动时间：45 分钟。

3. 活动目的：加深学生对商品概念及属性的认识；提升小组的团队协调能力及设计、创新、推销能力。

4. 活动步骤。

步骤一：回忆之钟。

（1）你有没有迟到的经历？列举实例说明。

_____

（2）你有没有定了闹钟依旧迟到的经历？列举实例说明。

_____

（3）你有没有被别人定的闹钟吵醒的经历？列举实例说明。

_____

（4）你有没有定闹钟吵醒别人的经历？列举实例说明。

_____

步骤二：创意之钟。

如何才能解决迟到问题呢？除了闹钟枕，你还有什么好的想法吗？请结合自身经历，小组设计一款能够解决迟到的产品，从开发设计原理、原材料、生产工艺、成品检验与包装等方面进行设计。

创意之钟设计方案

调研附加功能	
开发设计原理	
原材料	
结构	
性能	
检验	
包装	
运输方式	
储存与养护	
营销方式	
销售渠道	
销售服务	
消费群体	

步骤三：情景模拟。

各小组通过现场推销的方式对设计的新产品进行推销，小组成员明确角色分工，并进行模拟推销。

推销员：_____

消费者：_____

步骤四：全班现场评选出最优设计产品，并对所有小组的优缺点进行分析。

_____

_____

_____

 小组评价

<h3 style="text-align:center">小组综合评价表</h3>

组　别	评价内容及分值					
	组内学生分工明确（20分）	组内学生参与程度（20分）	设计方案具体全面（20分）	情景模拟具说服力（20分）	小组创新（20分）	总　分（100分）
第1组						
第2组						
第3组						
第4组						
第5组						
第6组						
第7组						
第8组						
总评价						
备　注						

任务三　商品质量管理

任务目标

知识目标：了解商品质量管理发展的三个阶段，认识常见的商品质量管理方法，如PDCA循环、因果分析图等。

技能目标：能利用PDCA循环和因果分析图解决产品质量管理中出现的常见问题。

素养目标：锻炼学生的理论应用能力、寻找问题、分析问题及解决问题的能力。

案例分析

海尔集团1984年创立于青岛。创业以来，海尔坚持以用户需求为中心的创新体系驱

动企业持续健康发展，从一家资不抵债、濒临倒闭的集体小厂发展成为全球大型家电第一品牌。根据世界权威市场调查机构欧睿国际发布的 2016 年全球大型家用电器品牌零售量数据显示：海尔大型家用电器 2016 年品牌零售量占全球市场的 10.3%，居全球第一。这是自 2009 年以来海尔第八次蝉联全球第一。三十多年来，海尔集团始终将质量管理作为企业发展的重点，先后经历了全面质量管理、OEC 管理模式、"市场链"流程再造、人单合一 T 模式，奠定了海尔产品高质量的基石。

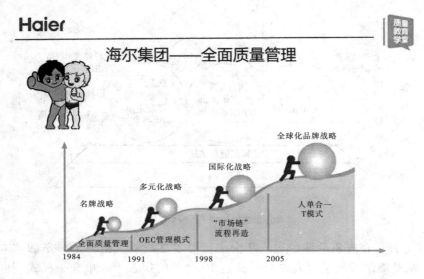

　　1985 年，一位用户来信反映海尔冰箱有质量问题。海尔集团让员工用大锤亲自砸毁 76 台有缺陷的冰箱，砸醒了员工的质量意识。当时家电市场供不应求，很多企业努力上规模，只注重产量而不注重质量。海尔没有盲目上产量，而是严抓质量，实施全面质量管理，提出了"要么不干，要干就干第一"。

　　1991 年，家电市场竞争激烈，质量已经成为用户的基本需求。海尔在国内率先推出星级服务体系，当家电企业纷纷打价格战时，海尔凭借差异化的质量服务赢得竞争优势。这一阶段，海尔开始实行 OEC 管理法，即每人每天对每件事进行全方位的控制和清理，目的是"日事日毕，日清日高"。这一管理法也成为海尔创新的基石。

1998 年，海尔集团将每个员工的利益与市场挂钩，上下工序、岗位相互之间通过"索酬、索赔与跳闸"形成市场链，即市场关系、服务关系。每个工序、每个人的收入均来自自己的市场。过去每个员工只向上级负责，现在不仅对上级负责，更要对市场、对客户（含内部客户）负责，从而形成以客户为起点的整个流程的管理。

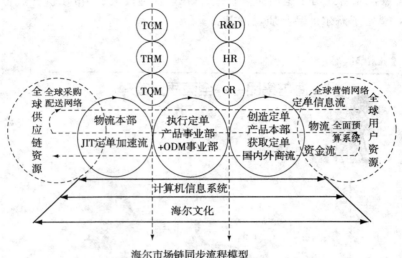

海尔市场链同步流程模型

2005 年 9 月，在海尔全球经理人年会上，海尔总裁系统阐述了海尔的"人单合一双赢"模式，从此海尔开始了对人单合一长达 10 余年的探索。人单合一模式不同于一般意义上的竞争方式和组织方式，也不同于传统的业务模式和盈利模式的范畴，而是顺应互联网时代"零距离"和"去中心化""去中介化"的时代特征，从企业、员工和用户三个维度进行战略定位、组织结构、运营流程和资源配置领域的颠覆性、系统性的持续动态变革，在探索实践过程中不断形成并迭代演进的互联网企业创新模式。

1. 海尔集团的质量管理经历了哪几个阶段？

_____

_____

2. 你认为四个质量管理模式中有哪些相同点和不同点？

_____

_____

3. 你认为哪种质量管理模式最好呢？为什么？

_____

_____

_____

⚙ **理论知识**

一、商品质量管理及其发展

商品质量是商品生产者、经营者和消费者都关心的问题，加强商品质量管理对于提高商品质量、保护商品使用价值、防止伪劣商品流入市场、维护消费者利益、增强企业在国内外市场的竞争力都有十分积极的作用。商品质量问题一直是人们关注的焦点。1994 年，现代质量管理领军人物朱兰博士曾在第七届世界质量大会上说"二十一世纪是质量的世纪"，这说明质量问题将是一个国家、一个企业应认真对待的永恒主题。

商品质量管理是指以保证商品应有的质量为中心内容，运用现代化的管理思想和科学方法，对商品的生产和经营活动过程中影响商品质量的因素加以控制，使用户得到满意的商品而进行的一系列管理活动。

商品质量管理大体经历了三个发展阶段，即检验质量管理阶段、统计质量管理阶段和全面质量管理阶段。

（一）检验质量管理阶段（20 世纪初—20 世纪 30 年代）

检验质量管理阶段的代表人物是美国工程师泰勒，他总结了工业革命以来的经验，根据机器大生产管理实践，提出了一套科学管理的理论，其中一条就是主张将产品的检验从制作中分离出来，成为一个独立的工序。

检验质量管理实际上是事后检验管理，是按照既定质量标准要求对产品进行检验，管理对象仅限于产品本身的质量，管理领域限于生产制造过程。因此，检验质量管理是一种消极防范型管理，依靠事后把关，杜绝不合格产品进入流通领域，无法在生产过程中起到预防、控制作用，出现质量问题不能全面分析原因。

（二）统计质量管理阶段（20 世纪 40 年代—20 世纪 50 年代末）

统计质量管理阶段的典型代表是美国贝尔实验室的工程师休哈特，他将数理统计的原理运用到质量管理中，认为在发现有废品生产的先兆时就进行分析改进，从而预防废品的产生。第二次世界大战开始以后，美国军工生产急剧发展，检验人员大量增加，产品积压待检的情况日趋严重，战场上武器弹药的质量事故频出，如炮弹炸膛事件会对士气产生极坏的影响。在这种情况下，美国军政部门随即组织专家和技术人员制定了《质量管理指南》《生产过程中质量管理控制图法》，强制生产武器弹药的厂商推行，这使军品质量明显提高。之后，统计质量管理效果得到广泛的认可，世界各地的很多厂商开始采用统计质量管理。

统计质量管理实际上是预防性的事前质量管理，是按照商品标准运用数理统计对从设计到制造的生产工序进行质量控制，从而将质量问题消灭在生产过程中。管理对象包括产品质量和工序，管理领域从生产制造过程扩大到设计过程。但是，统计质量管理也存在缺陷，它过分强调了质量控制的统计方法，对质量的控制和管理只局限于制造和检验部门，不能充分发挥各个部门和广大员工的积极性。

（三）全面质量管理阶段（20 世纪 60 年代至今）

全面质量管理由质量管理专家朱兰和美国通用电气公司质量总经理费根堡姆等人先后提出，其是一个组织以质量为中心，以全员参与为基础，目的在于通过让顾客满意和本组织所有成员及社会受益而达到长期成功的管理途径。

全面质量管理是一种全面、全过程、全员参与的积极进取型管理，使商品在设计、开发、生产、流通、消费的全过程均处于监控状态，从而保证商品质量符合消费者或用户需

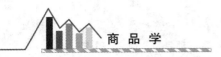

求。全面质量管理更能适应现代化市场竞争和现代化大生产对质量管理多方位、整体性、综合性的客观需求，它从以前局部性的管理向全面性、系统性的管理方向发展，是生产、科技以及市场发展的必然结果。

二、商品质量管理的基本方法

（一）PDCA 循环——戴明环

PDCA 循环，又称"戴明环"，最早由美国质量管理学家戴明博士提出，是质量管理的基本方法。他把质量管理过程分为四个阶段，分别是计划（Plan）、执行（Do）、检查（Check）、处理（Action）。PDCA 循环就是按照计划、执行、检查和处理的顺序进行质量管理，并且循环不止地进行下去的科学程序。

PDCA 循环四个阶段的具体含义

字母	英文	中文	具体含义
P	Plan	计划	确定方针和目标，制定具体的活动计划和措施
D	Do	执行	执行计划，实现计划中的内容
C	Check	检查	总结执行计划的结果，注意效果，找出问题
A	Action	处理	总结处理检查的结果，总结经验教训

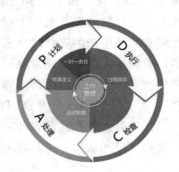

PDCA 循环基本模型

1. PDCA 循环的基本内容

（1）计划阶段（Plan）

计划阶段的任务是制定计划，根据存在的质量问题找出问题存在的原因和影响商品质量的主要因素，以此为依据，制定措施计划，确定质量方针、质量目标，制定具体的活动计划和措施。

所提出的措施需要明确一些必要的问题，即下面的"5W1H"问题。

Why（原因）：为什么制定该计划？

What（目的）：执行该计划预期达到什么效果？

Where（地点）：该计划在什么地方执行？

When（时间）：执行该计划何时开始，何时结束？

Who（人员）：该计划由谁执行？

How（方法）：采用什么样的方法去执行该计划？

（2）执行阶段（Do）

执行阶段的任务是执行计划，按照 P 阶段的计划和标准规定具体实施，实际去做，实现计划中的内容。

（3）检查阶段（Check）

检查阶段的任务是检查计划的实现情况，调查执行计划的结果，将工作结果与计划对照，得出经验，找出问题。

（4）处理阶段（Action）

处理阶段的任务是总结处理检查的结果，肯定成功经验并加以推广、标准化，总结失败的教训避免再出现，未解决的问题进入下一个循环。

2．PDCA 循环的特点

（1）大环套小环，互相促进

PDCA 循环作为质量管理的基本方法，不仅适应于整个工程项目，也适应于整个企业和企业内的科室、工段、班组以及个人。整个企业是一个大的 PDCA 循环，各部门都有各自的 PDCA 循环，依此类推又有小的 PDCA 循环，直至具体落实到每个人。这样就形成了一个个大环、中环和小环，且环环相扣，环环联动，从而推动整个企业的 PDCA 循环转动起来，相互促进，实现质量目标。

（2）循环前进，阶梯上升

PDCA 循环的四个过程不是通过一次运动就完结的，它们会伴随着新问题像爬楼梯一样不断循序进行，一个循环接着另一个循环运转。只有这样不断运转，不断提高，质量水平才能一直不断提升。

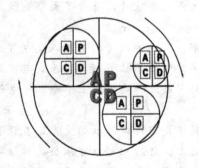

大环套小环示意图

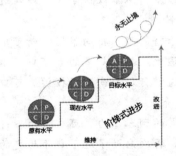

阶梯式上升示意图

（3）综合循环，关键在"处置"

PDCA 循环的四个阶段不是截然分开的，而是紧密联系在一起的，甚至有时不同循环层的各阶段会交叉进行。在四个阶段中，处置阶段是 PDCA 循环的关键，因为这一阶段是解决存在的问题、总结经验和吸取教训的阶段，其重点在于修订标准，包括技术标准和管理制度，避免重犯错误。

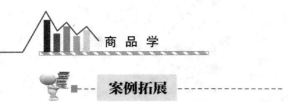

案例拓展

可口可乐公司的 PDCA 循环

背景：可口可乐是传统美国精神的象征，在20世纪70年代中期以前，一直是美国饮料市场的霸主，市场占有率一度高达80%。然而70年代中后期，百事可乐的迅速崛起对可口可乐造成了致命的打击，二者之间的市场份额差距逐年缩短，甚至到1984年二者市场份额差距缩小为3%。下面我们通过PDCA循环来解释可口可乐公司的质量管理过程。

1. 计划阶段

对手的步步紧逼让可口可乐感到了极大的威胁，它试图摆脱这种尴尬的境地。于是，1982年为找出衰退的真正原因，可口可乐公司决定进行消费者调查。

Why（原因）：可口可乐市场份额急速下滑。

What（目的）：扩大市场份额。

Where（地点）：美国13个城市。

When（时间）：1982—1983年，两年时间。

Who（人员）：可乐公司调研部。

How（方法）：调查问卷，现场口味测试，广告，新闻发布会。

2. 执行阶段

可口可乐设计了"你认为可口可乐的口味如何""你想试一试新饮料吗""可口可乐的口味将变得柔和些，您是否满意"等问卷调查。同时，为了更深入地了解消费者的真实需求，可口可乐公司在全美13个城市进行现场口味测试，邀请了近20万人品尝无标签的新、旧可乐，结果六成的消费者认为新可乐更好些，半数以上认为新可乐比百事可乐要好些。可口可乐不惜血本改造了生产线，进行了大量广告宣传，召开了大型新闻发布会。

3. 检查阶段

可口可乐将新可乐推向市场。新可乐一上市，有一半以上的美国人品尝了新可乐。但噩梦正向它逼近，越来越多的老可口可乐的忠实消费者开始抵制新可乐，甚至还组成抗议队伍进行街道游行，并向政府投诉。可口可乐公司每天都要接到上千个批评电话。

4. 处理阶段

迫于巨大的顾客压力，可口可乐不得不重新恢复旧可口可乐的生产，在保留新可乐生产线的同时，再次启动了近100年历史的传统配方。之后，可口可乐公司继续寻找市场份额下滑的主要原因，发现被百事可乐夺取的市场为青少年市场。于是，可口可乐公司开始对"青少年市场流失"问题展开下一轮的PDCA循环。

（二）头脑风暴法

头脑风暴法由美国BBDO广告公司的奥斯本首创，该方法的主要形式是由价值工程工作小组人员在正常融洽和不受任何限制的气氛中以会议形式进行讨论、座谈，打破常规，积极思考，畅所欲言，充分发表看法。

头脑风暴法又称脑力激励法，可以有效地识别问题的可能解决办法和潜在的质量改进机会，一般应用在分析讨论会议中，特别是质量分析会、质量控制小组会议等。

在运用头脑风暴法时，应注意以下几个问题：欢迎多提观点；注意与别人的意见，特别是不同意见相结合，不断启发和改善自己的想法；应如实记录观点，一是可以获得全面的信息，二是给人以重视感，从心理上感召他人多发表意见。

头脑风暴小组人数一般为10—15人（课堂教学也可以班为单位），最好由不同专业或不同岗位者组成；时间一般为20—60分钟；设主持人一名，主持人只主持会议，对设想不做评论；设记录员1—2人，要求认真地将与会者的每一个设想不论好坏都完整地记录下来。

●【情景模拟】

假设现在华为手机研发部决定进一步完善手机的功能，现召集专家进行头脑风暴。

1. 各组确定头脑风暴角色

头脑风暴主持人：＿＿＿＿＿＿＿＿　头脑风暴记录人：＿＿＿＿＿＿＿＿

头脑风暴小组成员：＿＿＿＿＿＿＿＿

2. 各组现场模拟头脑风暴现场。

3. 记录员记录头脑风暴答案。

＿＿＿＿＿＿＿＿＿＿＿＿＿＿＿＿＿＿＿＿＿＿＿＿＿＿＿＿＿＿＿＿＿＿＿＿＿＿＿

＿＿＿＿＿＿＿＿＿＿＿＿＿＿＿＿＿＿＿＿＿＿＿＿＿＿＿＿＿＿＿＿＿＿＿＿＿＿＿

＿＿＿＿＿＿＿＿＿＿＿＿＿＿＿＿＿＿＿＿＿＿＿＿＿＿＿＿＿＿＿＿＿＿＿＿＿＿＿

（三）因果分析图

因果分析图又称鱼刺图或树枝图，主要是通过因果图来分析各种质量问题产生的原因。在生产、流通和经营过程中，影响商品质量的因素有很多，如人、机器、设备、工艺、原材料经营及经营环境等。因果分析图可以帮助我们集思广益，寻找和分析造成质量事故的主要原因。因为这种图反映的因果关系直观、醒目、条理分明，用起来非常方便，所以被很多企业广泛使用。

实训项目2.3：新疆葡萄干的多元化质量分析

新疆葡萄干甜蜜的秘密

新疆吐鲁番生产的葡萄干最负盛名，其状如珍珠，肉软清甜，营养丰富，被誉为"中国珍珠"，新疆也被誉为"中国最甜蜜的故乡"。那么，为什么新疆葡萄干会如此甜蜜呢？

吐鲁番，新疆维吾尔自治区辖地级市，位于自治区中部，是天山东部的一个东西横置的形如橄榄状的山间盆地，它四面环山，属于典型的大陆性暖温带荒漠气候。吐鲁番盆地因其地势低洼、高温少雨、日照充足、昼夜温差大、无污染的沙化土壤等得天独厚的自然

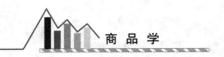

条件，造就了葡萄干的非凡品质。

吐鲁番地区降水十分稀少，年均降水量为 8.6—25.2 毫米，最少的年份只有 1.6 毫米。吐鲁番地区相对湿度较低，只有 11 月到次年 1 月的 3 个月中超过 50%，而 4 月到 9 月的半年的时间里温度都在 30% 左右。此外，常年经昆仑山脉天山雪水滋养，矿物质含量丰富，天然无公害，造就了葡萄的天然与甘甜。

吐鲁番地区 7 月气温最高，月平均最高气温在 37.2 ℃ 左右，极端最高气温达 49.6 ℃。超过 40 ℃ 的酷热天气从 4 月下旬到 9 月中旬均可能出现，而且持续时间长。吐鲁番全年平均低云量不足一成，晴天占绝对优势，全年晴天日达 300 天以上，年日照时数在 3000 小时以上，日照百分率为 70% 左右。理想的自然气候环境适宜葡萄的生长，也有利于葡萄干的制作。葡萄采摘后置于暗房风干，不经过任何添加，不加防腐剂保留了葡萄干最原始的风味，营养又健康。

小组任务

1. 活动形式：小组参与，头脑风暴。

2. 活动时间：45 分钟。

3. 活动目的：加深学生对 PDCA 循环、因果分析图、头脑风暴法等商品质量管理方法在实际商品管理中的应用，锻炼学生自主探究和合作创新的能力。

4、活动步骤。

步骤一：现在某一葡萄基地正在研发超甜无籽葡萄，但是在试种了一次后发现葡萄的甜度不达标，请结合新疆葡萄的特性利用因果分析图对葡萄不甜这一问题进行分析。

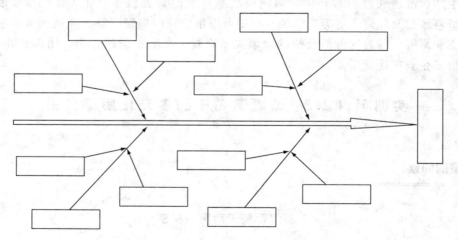

步骤二：通过因果分析图，葡萄基地科研人员对所有影响葡萄甜度的因素进行了一一排查，发现葡萄基地的降水量控制不佳，影响了葡萄的品质，现在请利用 PDCA 循环方法对这一问题进行实地解决。

1. 计划阶段

Why（原因）：_____

What（目的）：_____

Where（地点）：_____

When（时间）：_____

Who（人员）：_____

How（方法）：_____

2. 执行阶段

_____

_____

3. 检查阶段

_____

_____

4. 处理阶段

_____

_____

　　步骤三：通过因果分析图和 PDCA 循环方法的应用，葡萄基地成功研发出了超甜无籽葡萄，现在葡萄基地希望能增加葡萄的附加值，将超甜无籽葡萄加工成高附加值产品，请各小组集思广益，对葡萄高附加值产品进行头脑风暴。

1. 各组确定头脑风暴角色。

头脑风暴主持人：_____　头脑风暴记录人：_____

头脑风暴小组成员：_____

2. 各组现场模拟头脑风暴现场。

3. 记录员记录头脑风暴答案。

_____

_____

　　步骤四：通过小组讨论决定葡萄基地最终选择的高附加值产品，同时各组撰写葡萄高附加值产品推销解说词（60 字左右），并选出小组代表在全班进行新产品推介会介绍。

_____

_____

_____

　　步骤五：全班投票评选出葡萄高附加值最佳产品及最佳解说员。

最佳产品：_____

最佳解说员：_____

 **小组评价**

小组综合评价表

组　别	评价内容及分值					
	组内学生分工明确（20分）	组内学生参与程度（20分）	因果分析准确具体（20分）	头脑风暴组织有序（20分）	小组创新（20分）	总　分（100分）
第1组						
第2组						
第3组						
第4组						
第5组						
第6组						
第7组						
第8组						
总评价						
备　注						

商 品 检 验

引导案例

陶瓷餐具是中国人的生活必需品。2006 年，国家质量监督检验检疫总局公布了日用陶瓷饮食器具产品抽查结果，此次共抽查了北京、河北、山西、上海等 12 个省、直辖市 43 家企业的 44 种产品，33 种合格，产品抽样合格率为 75%。由于日用陶瓷饮食器具产品的质量与广大消费者的身体健康密切相关，国家质检总局已连续 4 次跟踪抽查该类产品。检查发现，一些日用陶瓷餐具不仅外观质量、吸水率等项目不合格，最突出的质量问题是一些私人企业的产品铅、镉、汞溶出量大大超标，严重影响人体健康。

【议一议】

1. 你认为为什么需要对商品进行检验？

_____

2. 你认为哪些群体应该对商品进行检验？

_____

3. 你认为应该采取哪些方式对商品进行检验？

_____

4. 你认为商品检验应该检查哪些内容？

_____

任务一　商品检验的概念、形式和内容

任务目标

知识目标：认识商品检验的概念，掌握商品检验的基本形式。

技能目标：能正确理解商品检验，能将商品检验运用到质量鉴定实践中。

能力目标：锻炼学生的综合分析能力、理论与实践相结合的能力，增强学生的责任感。

小心老年机背后的陷阱

李大爷的儿子热衷网购，在李大爷 60 岁生日的时候，他的儿子在网上给他买了一部老年机作为生日礼物。李大爷很高兴，但是用了几个月后发现每个月的话费都在 100 元以上。李大爷很纳闷，于是到营业厅询问，他这才知道他的老年机只要插上电话卡就会自动开通上网模式，话费大部分是流量费。而让李大爷更苦恼的是：在给手机充电的过程中，他无意间碰到手机还被电到了。检验部门通过调查发现市场上的老年机 95％ 左右没有通过商品检验，存在严重的漏电爆炸安全隐患。所以，我们购买老人机时一定要认准合格产品。

【想一想】

1. 李大爷的儿子应如何辨别老年机是否通过商品检验？

2. 这个案例说明了什么？

理论知识

一 、商品检验的概念

商品检验是指商品的卖方、买方或者第三方在一定条件下，运用一定的检验方法和技术，对商品的质量、规格、重量、数量、包装、安全及卫生等方面进行检查，并做出合格与否或通过验收与否的判定。

例如：通过葡萄酒的口感就可判定葡萄酒质量的优劣，若口味均衡，入喉平顺，无刺喉感，回味悠长，无异常气味，则质量为优，反之为劣。

二、商品检验的目的及作用

商品检验是一种综合评定商品质量高低和等级的过程，目的就是运用科学的检验技术和方法正确地评定商品的质量。无论采用何种技术、何种方法，最终都是为了鉴定商品质量的好坏。

例如：鉴定茶叶的色泽、嫩度、净度这些指标是为了判定它的外在质量，鉴定茶叶的香气、汤色、滋味、叶底的目的是判定它的内在质量。

商品检验的作用主要表现在以下几个方面：

1. 作为报关验放的有效证件，作为买卖双方结算货款的依据。
2. 计算运输、仓储等费用的依据，计算关税的依据，办理索赔的依据。
3. 作为证明情况、明确责任的证件。
4. 作为仲裁、诉讼举证的有效文件。

三、商品检验的种类和形式

根据不同的检验指标，商品检验可分为不同的种类，其中比较重要的一种分类就是根据商品检验的目的，可将其分为第一方检验、第二方检验、第三方检验。

第一方检验，又名生产检验、卖方检验，是商品生产者或其主管部门为了保证商品质量而对所属企业的半成品或成品进行的自检活动，以便自己及时发现不合格产品。

例如：某植物油厂刚生产了一批豆油，经本厂质检部门检验，这批豆油的过氧化值超过国家规定标准，该厂立即对这批豆油做了处置，并未流入市场。

第二方检验，又名验收检验、买方检验，是商品的买方为了维护自身的利益对所购商品进行的检验，查看商品是否符合法定标准或合同的要求。若发现问题，买方会及时要求卖方进行纠正解决，从而确保商品质量。

例如：大武公司与宝鸡公司签订了一份购买鸡蛋的协议，为了确保宝鸡厂提供的鸡蛋是货真价实的山区散养鸡蛋，特派本公司一名工作人员驻扎到宝鸡公司养鸡基地，以便全程监控，确保鸡蛋的质量。

第三方检验，又名公证检验，是出于买卖双方之外的第三方（如国家或私人质量监督机构）根据国家相关的法律法规或合同的规定对商品进行的检验，目的是维护买卖双方以及消费者的合法权益。

例如：某植物油厂刚生产了一批豆油，现已流入市场，国家质量监督局对其进行检验的时候发现该豆油的过氧化值超过国家规定标准，于是立即采取措施对该植物油厂进行了查处。

此外，还可根据检验商品的数量将商品检验分为全数检验、抽样检验和免于检验，根据商品外销和内销分为外贸商品检验和内贸商品检验等。

【议一议】

某公司从国外采购了一批特殊器材，合同规定该器材指定由国外 A 检验机构检验合格后才能收货。交货时，此公司接到了该检验机构的报告，报告称质量合格，但在附注部分表明，检验的部分记录是由生产商提供的。请问：买方能以质量合格接受货物吗？为什么？

_____

_____

案例分析

小王的家具城打算购进一批家具，由于不放心生产厂家自己出具的检验证书，双方约定找专业的检验机构对所购家具进行检验。

【趣味思考】

检验机构应该从哪些方面对家具进行检验呢？

_____

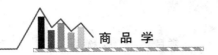
四、商品检验的内容

商品检验的内容有很多项，具体到某一商品应该检验哪些方面要根据商品的性质而定，所以不同的商品被检验的内容也是不一样的。常见的商品检验的内容有以下几个方面。

（一）质量检验

质量检验是指运用各种现有的技术手段对商品的成分、质地、性能、外观等方面进行检验，判断各项指标是否符合合同或相关法律法规的规定，从而判定商品是否合格。

质量检验是商品检验的主要内容，它包括商品外观质量检验和内在质量检验。外观质量检验指对商品的外观尺寸、造型、结构、款式、表面色彩、光泽度、新鲜度、成熟度、气味等的检验。内在质量检验指对商品的化学组成、性质和等级等技术指标的检验。

案例分析

我国向某国出口布匹，双方合同中规定每米布匹中只允许出现 10 个瑕疵点，可当时我国最先进的布匹生产工艺只能达到每米布至少 15 个瑕疵点。结果可想而知，我方最后承受了巨大的经济损失。

【趣味思考】

案例中的检验对象是什么？我方应该吸取什么样的经验教训？

（二）数量和质量检验

商品的数量和质量是买卖双方根据合同的规定成交商品的基本计量和计价单位，它们的检验比较容易，却关系到买卖双方的经济利益。数量和质量检验包括商品个数、件数、双数、打数、面积、体积和质量等。

案例分析

在某展销会上，我国 A 公司与国外 B 公司当面达成协议，由 A 公司向 B 公司出口燕麦 10000 长吨。结果，A 公司工作人员签订合同时误以为 10000 长吨就是 10000 吨，单价也是以吨来衡量制定的，交货时 B 公司提出长吨的要求，致使 A 公司需要再向 B 公司提交一定数量的燕麦以补足差额，双方产生矛盾。（1 长吨＝1.016 吨）

【趣味思考】

案例中检验的对象是什么？我方应得到什么启示？

（三）包装检验

包装检验是指根据合同或相关法律法规的规定对商品的内外包装以及包装标志进行检验。具体操作如下：（1）核对包装上的商品包装标志；（2）检验包装是否完整，检验包装材料、包装方式、包装衬垫物应用是否合理正确；（3）检查商品的内外包装是否牢固、整洁、干燥等。

案例分析

我国出口一批化肥，合同里明确规定，化肥的内衬袋为普通塑料袋。由于此次化肥数量巨大，我方装货时发现塑料袋不够，于是采用了一种成本更高的可分解塑料袋，但是没想到交货时却遭到了对方的索赔。

【趣味思考】

对方索赔有道理吗？案例中检验的对象是什么？

_____

_____

（四）安全卫生检验

商品的安全检验是指电子电器类商品的漏电检验、绝缘性能检验和 X 光辐射检验等，如热水器的漏电检验、电工所用钳子的绝缘性检验等。

商品的卫生检验是指商品中的有毒有害物质及微生物的检验，如对食品添加剂中重金属的检验、牛奶中三聚氰胺含量的检验、蔬菜中农药残留量的检验、辣椒中苏丹红含量的检验等。

对于进出口商品来说，它的检验内容则更加广泛，除了以上列举的几项外，还包括海损鉴定、集装箱检验、进出口商品的残损检验、出口商品的装运技术条件检验、货载衡量、产地证明、价值证明以及其他业务的检验等。

实训项目 3.1 问题奶粉检验实训

 **案例阅读**

问题奶粉

2013 年，成都、济南、青岛等多地家长发现在他们购买的某品牌婴儿奶粉中发现活虫，这则消息震惊了许多爸爸妈妈，大家纷纷对该品牌婴儿奶粉望而却步。有网友甚至调侃：现在倡导绿色食品，奶粉中能出现活虫，说明奶粉无公害，是绿色产品。在同一年，国外某公司某一工厂发现本厂生产的浓缩乳清蛋白粉（奶粉的原料）检出肉毒杆菌，此事件一出，某品牌婴儿奶粉立即在市场上召回 1 段和 2 段婴儿配方奶粉，因为其一直购进该公司的浓缩乳清蛋白粉作为原料。之后的一段时间，其他品牌的奶粉也陆续发现了不同的问题。

小组任务

1. 活动形式：小组参与，讨论分析。

2. 活动时间：45 分钟。

3. 活动目的：加深学生对商品检验内容的认知和了解，能够根据商品检验内容理论开展商品检验活动。

步骤一：讨论分析这些奶粉事件说明了什么问题。

_____

_____

步骤二：这些商品检验涉及哪些内容？

_____

_____

步骤三：你认为可以从哪些方面控制奶品质量？

_____

_____

步骤四：上网查询国外某产品的相关信息，然后与国内网站信息、专柜信息比较，考察其质量。

_____

_____

_____

任务二　商品标准

任务目标

知识目标：了解商品标准的概念，理解商品标准的内容。

技能目标：能正确理解商品标准，能完整地表述商品标准的构成，能运用商品标准对商品进行分类。

能力目标：锻炼学生的表达能力，培养学生的商品标准意识。

案例分析

最近有一件事情让张大爷犯了愁，他给老伴买的血糖仪试纸用完了，于是张大爷跑到县城的药房买试纸，但是他跑遍了所有药房也没有买到相匹配的试纸。他给在市里工作的女儿打电话，女儿也没有买到。无奈之下，张大爷只得重新买了一部血糖仪，原来的血糖仪只能丢弃在角落。

【议一议】

类似的血糖仪和试纸不配套的现象在生活中屡见不鲜，试分析其中的原因。

_____

_____

理论知识

一、商品标准的概念

商品标准是对商品质量以及与质量有关的各个方面所做的统一技术规定，是评定、监督和维护商品质量的准则和依据。对具体商品来说，商品标准是对商品的质量、等级、规格、性能、用途、使用方法、检验方法、包装、运输、储存等所做的统一的技术规定。

商品标准主要是对商品的品质规格及检验方法所做的技术规定，它的制定有利于提高商品质量，促进贸易的顺利进行，并能更好地满足消费者的需求，利于环保。

【小知识】

水龙头在我们的日常生活中很常见，那你了解水龙头的标准吗？我国对水龙头的标准与欧洲对水龙头的标准是一样的，主要从密封性能、涂层、流量测试、寿命测试、冷热循环测试、扭矩测试等方面做出具体的规定，做测试时的前提条件都是一致的。

二、商品标准的构成

商品标准是一种具有法规效力的文件，国家或者地方为方便消费者使用和管理，对商品标准的格式、内容、符号等都做出了统一的规定。它主要由以下三部分构成：概述部分、正文部分、补充部分。

（一）概述部分

概述部分主要包括封面、目录、标准名称、引言等内容，概括地说明商品标准的对象和内容、技术特征、适用范围等。

（二）正文部分

正文部分是商品标准的重要组成部分，包含的内容较多，有主题内容、适用范围、引用标准、术语、符号、代号、商品分类、技术要求、试验方法、检验规则、标志、包装、运输和储存等。正文部分是商品标准的实质性内容。

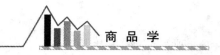

（三）补充部分

补充部分包括附录和附加说明两部分，它是对标准条文所做的必要补充说明，并为其提供相应的参考资料，使标准条文更加完善。

 **案例阅读**

棉被的标准

级别	色泽	形态	包边
特级	色泽白或乳白，稍有淡黄染，无漂白棉	纤维很蓬松，分布均匀，手感柔软，回弹性好	包边整齐，四边平直，四角方正，无缺花，不塌边
一级	色洁白或乳白，略有淡黄染，无漂白棉	纤维蓬松均匀，手感柔软，弹性很好	同上
二级	色乳白，略有黄染，无漂白棉	纤维松散均匀，手感柔软，弹性较好	同上
三级	色灰白或灰黄，无漂白棉	纤维基本松散均匀，手感弹性一般	同上
四级	色灰暗或灰黄，或带少量污染棉，无漂白棉	纤维松散均匀一般，手感弹性稍差	同上

【趣味思考】

请分析以上标准属于商品标准中的哪一部分。

三、商品标准的分类

商品标准可按约束力大小、表达形式、成熟程度和保密程度等标准进行划分。

（一）按约束力大小可分为强制性标准和推荐性标准

强制性标准，又名法规性标准，它的约束力比较强，一经制定发布，在规定的范围内，相关部门必须贯彻执行，不允许以任何理由或方式违反变更，否则将受到法律的追究。

推荐性标准是除强制性标准以外的其他标准，它是由国家鼓励企业自愿采用但又不强制执行的标准，企业可以根据自身实际情况灵活选择。

（二）按表达形式可分为文件标准和实物标准

文件标准是指通过文字、图形、表格等特定方式的文件对某商品质量有关方面的要求所做出的统一的规定。目前，世界上大部分国家的商品采用的都是文件标准。

实物标准是指用实物作为标准样品，它是针对一些难以用文字来表达的商品，由标准化主管机构或指定部门用实物做成与文件标准规定的质量要求完全或部分相同的标准样品。例如：在交易中，粮食、茶叶、羊毛、蚕茧等农副产品经常采用实物标准。

（三）按成熟程度可分为正式标准和试行标准

现行标准大部分是正式标准，试行标准一般在试行 2—3 年的时间后经过修订成为正式标准，两者具有同等的法律效力。

（四）按保密程度可分为公开标准和内部标准

国际上大部分标准都是公开标准，只有涉及国家安全的如军事技术或其他高科技尖端技术等采用的是内部标准。

商品标准还有很多其他分类，这里不做详细叙述。

四、商品标准的分级

案例分析

根据网友们的评价，君乐宝奶粉价格便宜，其品质也不弱于其他大牌，宝宝们都很喜欢喝，而且非常适应。君乐宝奶粉所用原奶全部来自自建牧场，原奶指标优于欧盟、美国、日本标准，引进了食品安全全球标准 BRC 和国际食品安全标准 IFS 双重管理体系。君乐宝与美国质量学会（ASQ）、欧洲质量组织（EOQ）、日本科学技术联盟（JUSE）国际三大质量组织战略合作，实现与全球最高标准的全面接轨，共同打造国际品质的好奶粉。

【议一议】

为什么君乐宝奶粉要与国际食品安全标准接轨？

理论知识

商品标准有不同的分级，一般可以分为国际标准、国家标准、行业标准、地方标准和企业标准。

（一）国际标准

国际标准是指由国际上权威的专业组织制定，被世界国家承认并通用的标准。国际标准一般是由国际标准化组织 ISO、国际电工委员会 IEC 和国际电信联盟 ITU 等制定并发布的标准。

国际标准一般由国际标准代号、顺序号、发布年号和标准名称组成，如下所示：

$$×××　　×××××　×　：××××　　×××××××$$

国际标准代号　　顺序号　构成部分　发布年号　　标准名称

举例如下：

ISO 14001：2004 环境管理体系标准，IEC 61508：2000 电子安全系统功能标准。

【小知识】

在商品标准代号中，发布年号在 1996 年以前用两位数表示，在 1996 年以后用四位数

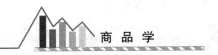

表示。

举例如下：

ISO 22000：2005 食品安全管理体系，ISO 9001：2008 质量管理体系认证标准。

☺【趣味思考】

国际标准属于强制性标准吗？

（二）国家标准

国家标准是指由国家标准化主管机构批准发布，在全国范围内统一实施的标准。国家标准一般对全国经济与技术的发展都有重要意义，如有关保障人体健康和人身、财产安全的标准、通用基础件标准、通用的实验或检验方法的标准等。

国家标准的编号由国家标准代号、顺序号和发布年号组成。例如：GB 8978—2008 代表 2008 年发布的第 8978 号污水综合排放标准，GB/T 19630—2005 代表 2005 年发布的第 19630 号有机产品国家标准，三花酒标准 GSB X 69055—96 等。

（三）行业标准

行业标准是指某个行业没有国家标准，但又需要在全国范围内进行统一，它是由一些标准化团体所制定的具有一定影响力的标准。例如，推荐性标准《绿色食品：乳制品》NY/T 657—2007，强制性标准《油菜产地环境条件》NY 846—2004。

（四）地方标准

地方标准是指在没有国家标准和行业标准的行政区内，由地方政府（省、直辖市、自治区）统一制定和发布的仅限在本行政区内实施的标准。例如，强制性北京市地方标准《车用柴油》DB11 239—2007，推荐性安徽省地方标准《地理标志产品　天山真香茶》DB34/T 894—2009。

（五）企业标准

企业标准是由某一企业自己制定并发布，仅限在本企业范围内统一使用的标准。

企业标准编号由企业标准代号、企业标准顺序号、发布年号这三部分构成，与国家标准编号结构基本相同。例如，上海宝山钢铁集团股份有限公司的《圆轴用圆钢标准》BZJ 142—2009。

企业标准代号一般用"Q/"加上企业代号来表示，企业代号可以用纯数字、纯字母或字母数字相结合的方式表示。如果是地方政府发布的企业标准，那么需在企业标准代号前加上地方政府的简称汉字，如"冀 Q/""津 Q/"等。

实训项目 3.2　超市经营实训

👥 小组任务

1. 活动形式：小组参与开展牛仔裤市场调查。

2. 活动时间：45 分钟。

3. 活动目的：加深学生对市场调查重要性的认识，让学生学会如何进行市场调查，掌握市场调查的时间、地点、内容、目的、注意事项等问题，锻炼学生的自主分析能力和小组策划能力。

4. 活动步骤。

步骤一：每名学生找出自己或者家庭正在使用的五种产品，说出每件商品的标准号、标准等级以及含义。

商品	标准号	标准等级	含义

步骤二：根据所学内容上网查询，完成以下表格。

区分商品标准

商品标准代号	标准等级	含义
JB/T 4192—1996		
YS/T 285—2012		
JC/T 64—2010		
GB 4927—2008		
NY 1234—94		

商品标准代码

含义	商品标准代码
1999 年发布的 18166 号强制性国家标准	
2003 年发布的第 62009 号推荐性纺织行业标准	

步骤三：选择自己熟悉的某种商品，记录它的商品生产标准，并确定商品标准等级，上网查询相应标准的主要内容。

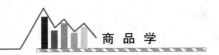

任务三　商品抽样与检验方法

任务目标

知识目标：了解商品抽样的概念，掌握商品抽样的方法。

技能目标：能正确理解商品抽样，能运用商品抽样的方法对商品进行检验。

能力目标：锻炼学生的综合表达能力，培养学生的发散思维意识。

案例分析

最近牲畜市场很火爆，牲畜的价格普遍比往常要高，小李瞅准了这个机会打算把自家的两头牛卖了。这天，小李牵着两头牛来到市场，经过几轮比较和磋商，最终小李把牛卖给了小王，小王当时就向小李支付了 23000 元的现金。看着这些钱，小李很高兴，由于自己不能识别钱的真伪，所以小李在来的时候把村里最会看钱真假的张会计请来了。只见张会计把钱正着数了一遍，反着又数了一遍，然后从中抽了几张仔细看了看，对小李说没问题，小李的心才落了地，这桩交易结束。

【想一想】

张会计在这桩交易中做了什么工作？

理论知识

一、商品抽样的概念

商品抽样是指根据合同或标准所规定的方案，从被检验的商品中按照此方案抽取一定数量的产品用于检验的过程。商品抽样在实践中又被称为取样或拣样。

商品抽样检查的商品数量少，省时省力省钱，便于检察人员发现问题，及时反馈，促进生产商的生产，保障商品质量。但是，商品抽样也容易出现将优质品次误判为劣质品次，将劣质品次误判为优质品次，存在一定的片面性。

二、商品抽样的要求

1. 抽样应当依据抽样对象的形态、性状，合理选用抽样工具与样品容器。抽样工具与样品容器必须清洁，不含被鉴定成分，供微生物鉴定的样品应无菌操作。

2. 按各类商品的抽样要求抽样，注意抽样部位分布均匀，每个抽样部位的抽样数量需保持一致。

3. 抽样的同时应做好记录，内容包括抽样单位、地址、仓位、车间号、日期、样品名称、样品批号、样品数量、抽样者姓名等。

4. 抽取的样品应妥善保存，保持样品原有的品质特点，抽样后应及时鉴定。

三、商品抽样的方法

为保证每件商品都有同等被抽取的机会，目前商品抽样普遍采用的是随机抽样法。随机抽样法又可分为简单随机抽样、分层随机抽样和系统随机抽样。

（一）简单随机抽样

简单随机抽样是对整批同类商品不经过任何分组、划类、排序，直接从中按照随机原则抽取检验样品。它是最基本的抽样方法，最符合随机的原则，适用于小批量商品的抽样。

（二）分层随机抽样

分层随机抽样是将整批同类商品按主要标志分成若干组，然后从每组中随机抽取若干样品，最后将各组抽取的样品放在一起作为整批商品的检验样品的抽样方法。它是目前用得最广泛的一种抽样方法，抽取的样本最符合代表性的原则，适合批量较大的商品的检验。

（三）系统随机抽样

系统随机抽样是先将整批同类商品按顺序编号，并随机决定某一个数为抽样的基准号码，然后按已确定的"距离"抽取样品的方法。例如，按自然数1、2、3……将商品编号，以6为基准号码，距离为10，抽取的样本编号为6、16、26……

这种方法抽取的样品分布均匀，但如果被检验的商品质量正好呈现周期性变化时，那么误差较大。此方法适用于小批量商品的抽样。

案例分析

网购已经成为人们生活当中不可或缺的一部分，作为公司小白领，妮妮也经常网购，但最近妮妮网购的热情下降了，同事艳艳问其原因，得知每次妮妮网购的衣服不是质量不好就是穿上不好看，频繁的退货让妮妮不胜其烦。于是艳艳将自己网购的经验传授给妮妮："买东西要看商品评论里消费者上传的真实图片，从图片里我们就可以看出商品的质量以及这件衣服是不是适合自己，不要看网页上模特穿着的效果图。"妮妮听后恍然大悟，以后买衣服就照艳艳说的，果然十件里有九件都是满意的。

【想一想】

艳艳网购成功用的是什么方法对商品做出正确判断的呢？

_____

_____

四、商品检验方法

商品检验方法有很多种，一般可概括为两大类：感官检验法和理化检验法。

（一）感官检验法

1. 概　念

感官检验法就是用人体的各种感觉器官（口、鼻、耳、手等）对商品的色、香、味、形、手感等做出判定或评价的检验方法。感官检验法在生活中应用得最普遍，特别是在食品、化妆品、艺术品等领域，它的作用是无可替代的，这种方法最易被大众接受。

感官检验法不需要仪器，只需人的感觉器官就可判定商品的质量，它简便易行，成本低。但它有一定的局限性，易受检验人的生活经验、生理条件和外界环境的影响，检验结果具有主观片面性。

2. 分 类

感官检验法可分为视觉检验法、嗅觉检验法、味觉检验法、触觉检验法、听觉检验法。

（1）视觉检验法就是用视觉来检验商品的外形、结构、颜色、光泽及瑕疵等质量特性。例如：我们到菜市场买菜，可以一眼判断出菜是否新鲜。

（2）嗅觉检验法是用嗅觉检查商品的气味，从而判定商品质量的优劣。这种方法广泛应用于食品、化妆品以及纺织品、塑料等燃烧后的气味鉴定。

（3）味觉检验法是用人的味觉来检验有一定滋味的商品质量的优劣，主要用来鉴定食品质量，如菜肴、糖、酒、茶、调料等。

（4）触觉检验法是利用人的触觉感受器官通过接触被检验商品反馈回来的感受来评价商品质量的好坏。这种方法主要用于纺织品、纸张、塑料等商品的表面特性、厚度、柔和度、软硬等质量特性的检验。

（5）听觉检验法是用人的听觉通过商品发出的声音来判断商品质量的优劣。例如，通过玻璃制品、瓷器、金属等的敲打声就可判断这些产品有无裂纹，通过试听乐器、音响、收音机的声音就可知它们质量如何。

🔲【趣味思考】

日常生活中，购买哪些具体的商品时会用到感官检验法？并说出判定这些商品质量优劣的依据。

 案例拓展

服装材质鉴定

纤维燃烧鉴定法

纤维	在火焰中	离开火焰	气味	灰烬
棉花	快速燃烧	继续燃烧	烧纸味	色灰，量少
麻	燃烧有爆裂声	继续燃烧冒烟	烧纸味	色灰，量少
蚕丝	燃烧有嘶嘶声	燃烧很慢，燃时飞减	臭焦发味	色黑，质脆易成粉末
羊毛	燃烧慢，稍熔	燃烧慢，有时自熄	臭焦发味	黑块状
腈纶	快速燃烧	速燃飞减	燃肉味	色黑，质硬脆

（二）理化检验法

1. 概　念

理化检验法是指在一定的实验室环境条件下，使用各种仪器、试剂和器具来测试商品质量的方法。它主要用来检验商品的成分、结构、物理性质、化学性质、卫生性以及破坏性等特性，检验的结果比较客观准确，因此理化检验法在商品的生产和流通中应用得越来越广泛。

2. 分　类

理化检验法可分为物理检验法、化学检验法和生物学检验法。

（1）物理检验法是指根据物理学的原理，应用物理仪器对商品的物理量及其在力、光、电、热的作用下所表现出来的性能进行鉴定的一种方法。例如，水泥的抗压强度检验、陶瓷制品的热稳定性测定、油脂的透视率检验等。

（2）化学检验法是指用化学试剂或仪器对商品的化学成分及其含量进行测定，从而判定商品质量优劣的一种方法。例如，食品检验中对于有毒有害物质、添加剂等含量的测定，气相色谱分析法在名酒鉴定中的应用。

（3）生物学检验法是指运用生物实验法、显微镜观察法等手段对商品的成分、结构等技术指标进行检验的方法。此方法大量运用于食品、药品、化妆品和冷冻品等商品的检验。

原质蜜和精制蜜的质量差异

蜂蜜主要分为原质蜜和精制蜜。

原质蜜是指蜜蜂在野外采的原始蜂蜜。由于受野外条件限制，原质蜜杂质含量较高（蜂尸、蜡渣、植物杂质等），浓度偏低，成熟度差异较大，状态很不稳定。但原质蜜中的营养成分保持较完整，价格较实惠。

精制蜜是以原质蜜做原料，采用低温热处理等工艺流程，经浓缩、精滤、杀菌、破晶核后获得的高浓度纯净成熟蜜。精制蜜通常经严格包装后以成品形式上市，其特点是：（1）蜜质纯净；（2）状态相对稳定；（3）水分得到充分散失，波美度大大提高，口感更加浓厚，保持期远远超过原质蜜。

【趣味思考】

1. 如何鉴定有毒和无毒蚊香？

_____

2. 了解海外代购，应该如何鉴定商品质量？如果商品质量出现问题，应该如何解决？

_____

_____

实训项目 3.3　商品检验实训

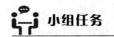　小组任务

常见商品检验实训

1. 活动形式：小组讨论人民币防伪标志。
2. 活动时间：45 分钟。
3. 活动目的：加深学生对商品检验方法的灵活运用，掌握感官检验法的实际应用，锻炼学生的自主分析能力和辨析能力。
4. 活动步骤。

步骤一： 每个小组准备一种币值的人民币，并观察讨论人民币上的防伪标志有哪些？

_____

_____

步骤二： 小组讨论人民币防伪可以用到感官检验法中的哪些感觉器官？

_____

步骤三： 小组上网查询使用感觉器官如何鉴定人民币的真伪。

人民币币值	视觉	听觉	触觉
1 元			
5 元			
10 元			
20 元			
50 元			
100 元			

步骤四： 请小组准备不同品牌的手机，采用感官检验法对比一下手机的质量，

可从开机速度、关机速度、音色音质、拍照的清晰度等方面进行检验。

_____

_____

_____

步骤五：通过商品描述，请判断所使用的检验方法。

(1) 新鲜柑橘柔嫩多汁，酸甜可口，受冻变质的柑橘绵软浮水，苦涩难耐；

(2) 根据鱼体肌肉的硬度和弹性，可判断鱼是否新鲜；

(3) 老人们在买瓷盘的时候，用手敲一敲就可知道磁盘质量的好坏；

(4) 有经验的人买西瓜时，用手拍一拍就可判断西瓜是否好吃；

(5) 新鲜的蔬菜茎叶挺直、脆嫩，表皮光滑，不新鲜的蔬菜干瘪萎蔫。

(6) 滴一滴洗发水在水中，泡沫多的去污效果较好。

_____

_____

_____

任务四　商品质量评价与监督

案例分析

为杜绝 pH 值、甲醛超标危害人体，尤其是宝宝的身体安全。国家出台了新的《国家纺织产品基本安全技术规范》，把衣物安全等级划分为 A、B、C 三类。简单地说，第一类是适合 3 周岁以内的婴幼儿纺织产品，其必须符合 A 类要求；第二类是直接接触皮肤的产品，其必须达到 B 类要求；第三类是非直接接触皮肤的纺织物产品，其必须符合 C 类要求。婴幼儿纺织产品必须在使用说明上表明"婴儿用品"字样。

理论知识

一、商品分级的概念

商品分级是指对同种商品，按其达到的商品质量标准程度分为若干个等级的过程。每个等级即为商品的品级。

商品分级的顺序反映商品质量的高低，常用等级顺序或甲、乙、丙表示，如一等、二等、三等或一级、二级、三级。一般情况下，工业品分三个等级，分别是优等品、一等品、合格品，而食品特别是农副产品、土特产等多为四个等级，最多达到六七个等级，如茶叶、棉花、卷烟等。

许多商品还同时以特殊的标记来表明自身的质量等级。例如，瓷器底部的印记 O 表示一等品，□表示二等品，△表示三等品，不合格品底部则印"次品"二字。

二、商品分级的方法

商品分级的方法一般可分为百分记分法、限定记分法。

（一）百分记分法

百分记分法是将商品的各项质量指标规定为一定的分数，重要指标分数高，次要指标分数低，最后以商品的总分数来确定商品等级的一种方法。如果各项指标都符合标准要求，则为满分100分，若某项指标达不到标准要求进行相应扣分。

例如：出口红茶各项质量指标的标准为：干茶外形30分，滋味20分，香气30分，叶底20分，总分100分；按分数区分的等级为：超级100—91分，特级90—81分，上级80—71分，中上级70—61分，中级60—51分，普通级50—41分。

（二）限定记分法

限定记分法是将商品的各种瑕疵规定为一定的分数，由分数的总和来确定商品的等级。瑕疵越多，总分数越高，产品质量等级越低。

例如：棉布的外观质量取决于它的布面疵点，对各种疵点设定分数，在标准的长度和宽度范围内，分数总和不大于10分的为一等品，不大于20的为二等品，不大于60的为三等品，超过60的为等外品。

任务实施

1. 到商场中挑选几件不同种类的服装，通过查看标签来判断服装的等级，然后上网查询每个等级的标准。

2. 用百分记分法对啤酒的质量进行等级划分，然后在小组内进行展示讨论。提示：先设定啤酒质量指标，再定分数。

案例分析

有一天，小李无意中瞥见食品包装袋上的一个标志，但他不知道是什么意思，问家人，家人也说不清楚。于是小李上网查询，得知那是绿色食品标志。他翻了家里其他包装袋，有的包装袋上有此标志，有的没有。小李喃喃自语："原来小小的标志也有大学问呢，以后买东西可得注意了！"

【想一想】

你在购买商品的时候看到过哪些商品质量标志呢？

_____

_____

_____

三、商品质量标志

商品质量标志有很多，常见的有以下几种。

（一）ISO 标志

ISO 即 International Organization for Standardization，它是国际标准化组织的简称。ISO9000 是由国际标准化组织制定的一组质量管理体系认证标准。在我国，现在有三种管理体系的认证，除 ISO9000 外，还有 ISO14000 国际标准的环境管理体系认证和 OHSAS18000 国际标准的职业健康安全管理体系认证。

（二）QS 标志

QS 即企业食品生产许可"Qiyeshipin Shengchanxuke"的缩写，此标志是由蓝色 Q、白色 S 和"生产许可"中文字样组成。QS 不是认证标志，它是生产许可证标志。实行生产许可证的不是只有食品，还包括其他。

我国法律法规规定，任何企业未取得生产许可证不得生产列入目录的产品。任何单位和个人不得销售或者在经营活动中使用未取得生产许可证的列入目录的产品。实施食品质量安全市场准入制度管理的食品，首先必须按规定程序获取《食品生产许可证》，其次产品出厂必须经检验合格并加印（贴）食品市场准入标志。没有食品市场准入标志的，不得出厂销售。

（三）绿色食品标志

绿色食品标志由三部分构成，即上方的太阳、下方的叶片和中心的蓓蕾，象征自然生态；颜色为绿色，象征着生命、农业、环保；图形为正圆形，意为保护。绿色食品标志作为一种产品质量证明商标，其商标专用权受《中华人民共和国商标法》保护。标志使用必

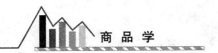

须通过食品专门机构认证，许可企业方可依法使用。

（四）有机食品标志

有机食品标志

有机产品标志由两个同心圆、图案以及中英文文字组成，内圆表示太阳，其中的既像青菜又像绵羊头的图案泛指自然界的动植物，外圆表示地球，整个图案采用绿色，象征着有机产品是真正无污染、符合健康要求的产品，以及有机农业给人类带来了优美、清洁的生态环境。有机产品标志既表示中国有机产品与世界同行，也有利于国内外消费者识别。凡符合《OFDC 有机认证标准》的产品均可申请认证，经 OFDC 颁证委员会审核同意颁证后，授予该标志使用权。

（五）3C 标志

3C认证标志
MADE BY WWW.U148.NET

CCC 是"中国强制认证"（china compulsory certification）的英文缩写。CCC 构成了中国强制认证标志的基本图案。它是国家对为保证人类健康和安全、动植物生命和健康以及环境保护和公共安全的产品实行的强制性认证制度。凡列入强制性产品认证目录内的产品，没有获得指定认证机构颁发的认证证书，没有按规定加施认证标志，一律不得出厂、销售、进口或者在其他经营活动中使用。

实训项目 3.4　商品质量实训

 **案例阅读**

识别假冒伪劣产品

小李大学毕业以后一直经营一家便利店，由于小李勤奋上进又懂营销知识，店铺生意不错。有一天，一位顾客来投诉，说小李家的某品牌洗发水是假的，洗完头之后头皮一直痒。小李虽积极地解决了这件事情，可并未放在心上。过了几天，又有顾客反映同样的问题，这才引起小李的重视。原来，由于店里忙，最近在进货的问题上小李有所松懈，以致购进了假冒伪劣产品。

小组任务

1. 活动形式：小组参与，讨论分析，情景模拟。

2. 活动时间：45分钟。

3. 活动目的：加深学生对假冒伪劣商品的认识，让学生能够灵活运用商品检验知识判定假冒伪劣商品。

4. 活动步骤。

步骤一：小组同学调查周围同学以及家人是否购买过假冒伪劣产品，并对这些案例进行整理。

_____

_____

步骤二：小组讨论遇到假冒伪劣商品时应该如何维护自身的权益。

_____

_____

步骤三：小组情景模拟购买到假冒伪劣商品时买卖双方的现场交涉场景。

_____

_____

步骤四：小组同学自主上网查询假冒伪劣商品的信息，并从中选取几种，了解它们的识别方法，在班内宣传识别方法，提醒同学们勿上当受骗。

_____

_____

步骤五：小组同学网上查询奶粉环保标志，解析标志的含义，并参考其设计一款奶粉的环保标志图案。

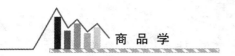

项 目 四

商品分类

$ 引导案例

欢乐买超市分布图解析

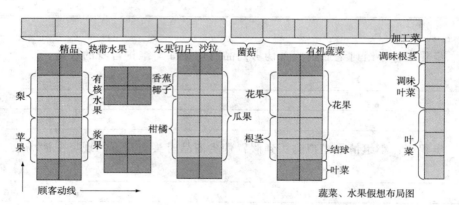

蔬菜、水果假想布局图

蔬果商品陈列　大组按小组分类陈列

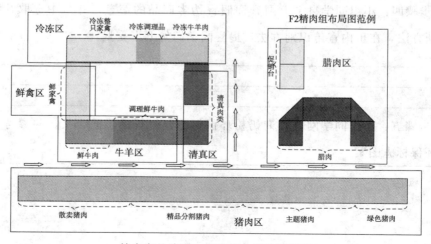

F2精肉组布局图范例

精肉商品陈列　商品按大组分区陈列

【议一议】

小组结合分布图讨论以下问题：

1. 欢乐买超市为什么要将蔬果类及肉类商品进行分类分区陈列？

_____

_____

2. 如果让你对饮品区进行分类，你会如何进行划分？

_____

_____

3. 假设超市管理层将饮品区设定为一个长方形，请画出超市内饮品区的分布陈列图。

4. 超市分类后都有哪些受益群体呢？

_____

_____

任务一 商品分类概念与标志

任务目标

知识目标：了解商品分类的概念，掌握基本的商品分类标志。
技能目标：能熟练识别日常超市中常见的商品分类标志。
能力目标：锻炼学生的逻辑分析能力，能灵活运用分类标志对日常用品进行分类。

理论知识

一、商品分类概念

商品分类是指为了满足生产、流通和消费的需要，根据一定的目的，选择恰当的分类标志，科学地、系统地将一个商品集合总体划分成不同类别的过程。

商品分类有利于经营者实施科学、有效的商品采购管理、陈列管理及销售管理，有利于消费者选购商品，有利于商品信息的收集、整理、分析，有利于推动商品名称、类别、编码的统一化、标准化，有利于开展商品教学及研究。

【趣味思考】

你们学校是如何对学生进行分类的？你们班级是如何对学生进行分类的？请借助图示展示。

二、商品分类的标志

（一）商品的用途

商品用途是体现商品使用价值的重要标志。以商品用途作为分类标志，符合消费者的消费需求。它是实际工作中运用最广泛的分类标志。

例如，商品按用途可分为生产资料和生活资料，生活资料按吃、穿、住、用、行等具体用途可分为食品类、衣着类、房产类、日用品类、汽车类等。

【议一议】

请根据"用途"标志对牙膏进行分类。

_____

_____

（二）商品的原材料

商品的原材料的差异性直接决定着商品的具体性能和质量，因此，原材料也是划分商品的重要分类标志。

例如，纺织品以原材料为分类标志可分为棉织品、麻织品、丝织品、毛织品、化纤织品等，鞋类商品按原材料可划分为布鞋、皮鞋、胶鞋、塑料鞋、泡沫鞋等。

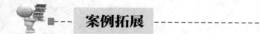

案例拓展

美丽的项链

项链是人体的装饰品之一，是最早出现的首饰。

不同材质的项链具有不同的美感、文化和含义，常见的项链按照材质可分为如下几种：

金项链

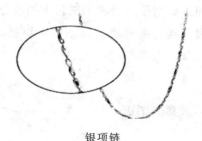

银项链

红宝石项链

珍珠项链

木质项链

钻石项链

【练一练】

请根据"原材料"标志对水杯、办公桌进行分类。

_____

_____

（三）商品的加工方法

很多商品虽然是由相同的原材料制造的，但由于生产方法和加工工艺不同，所形成的质量、性能、特征等方面都会存在明显差异。

例如：奶制品因为加工工艺不同可分为纯奶、酸奶、奶饮品，面食类因加工方法不同可分为馒头类、面包类、面条类、饼类、油条类等，茶叶根据加工方法可分为绿茶、红茶、乌龙茶、黑茶等。

 **案例拓展**

花样面食

面食是指主要以面粉制成的食物。世界各地均有不同种类的面食。中国的面点小吃历史悠久，风味各异，品种繁多，主要有面条、馒头、花卷、油条、烧饼、饺子、包子、馄饨、麻花等。西餐中有面包、各种烤饼等。面食的熟制方法有蒸、煮、烙、煎、烤、炸、焖等。

💬【议一议】

观看《舌尖上的中国》主食篇，请根据"加工方法"标志对米类主食进行分类。

_____

_____

（四）商品的主要成分（或特殊成分）

商品的主要成分或特殊成分是决定商品性能、质量、用途的重要因素。商品的很多性能是由它的具体成分决定的。例如：蛋糕可分类为牛奶蛋糕、黄油蛋糕、巧克力蛋糕、水果蛋糕等，糖果可分类为牛奶糖、水果糖、花生糖、巧克力糖、芝麻糖、酒心糖等。

 案例拓展 ------------------

多味糖果

糖是人体三大主要营养素之一，是人体热能的主要来源。糖供给人体的热能约占人体

所需总热能的 60%—70%。市场上糖的种类多种多样，糖的成分不同，口味也千变万化。

◐【练一练】

请根据"主要/特殊成分"标志对牛奶进行分类。

_____

_____

（五）其他标志

除上述标志外，适用性别、年龄以及商品的形状、结构、尺寸、颜色、产地、环保质量等均可作为商品的分类标志。对于不同的商品，要选择消费者容易接受、符合日常经营或消费习惯的分类标志进行分类。

例如：服装按照适用性别可分类为男性服装和女性服装，苹果按成熟季节可分类为"伏苹果"和"秋苹果"，汽车按产地可分类为国产车、美系车、日系车、德系车、韩车等。

◐【练一练】

请根据"款式"和"颜色"标志分别对汽车进行分类。

_____

_____

实训项目 4.1：超市经营实训

 **案例阅读**

美惠超市是某公司开设的大型连锁超市，它是 A 城开店数最多的连锁超市。根据多年积累的经验，美惠超市会定期对超市经营的各大商品类别进行调整，同时会对超市商品的具体分区进行重新布局。

下面是美惠超市所经营商品的类别细分：

超市经营部门分类

部门	类	分类名称	部门	类	分类名称
生鲜部	水果类	春季水果	食品部	酒类	白酒
		夏季水果			啤酒
		秋季水果			葡萄酒
		冬季水果		糖果类	芝麻糖
	精肉组	肉馅			水果糖
		肉排			酒心糖
		绿色猪肉			巧克力糖
	水产组	鱼		牙膏类	美白牙膏
		虾			消炎牙膏
		螃蟹			抗过敏牙膏
		海螺		罐头类	葡萄罐头
		泥鳅			橘子罐头
生鲜部	熟食组	馒头	食品部		山楂罐头
		面条			黄桃罐头
		饼			苹果罐头
	冷藏制品组	奶制品			梨罐头
		雪糕类		个人护理	头发洗护用品
		速冻水饺			面部清洁用品
	饮品组	奶类			身体清洁用品
		水类			防晒用品
		橙汁类			彩妆用品
		可乐类			肥皂用品
		茶类			洗衣液用品
					婴儿用品

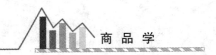

小组任务

1. 活动形式：小组参与，讨论分析。

2. 活动时间：45 分钟。

3. 活动目的：加深学生对商品分类的认识，让学生灵活运用商品分类标志对生活中的商品进行分类。

4. 活动步骤。

步骤一：请根据所学的商品分类标志对以下商品的分类进行分析。

1. 表格中哪项是按照商品用途进行分类的？

_____

_____

2. 表格中哪项是按照商品原材料进行分类的？

_____

_____

3. 表格中哪项是按照商品加工方法进行分类的？

_____

_____

4. 表格中哪项是按照商品的主要（或特殊）成分进行分类的？

_____

_____

5. 表格中除了商品用途、原材料、加工方法、主要（或特殊）成分外，还有哪些其他商品分类标志呢？说一说这样分类是否合理。

_____

_____

_____

步骤二：如果让你对经营的服饰类、家具类、电器类、粮油类商品进行更细化的分类，你会如何进行划分？

部门	类	分类名称	部门	类	分类名称
服饰类	男性服饰		家电类	制冷电器	
				炊具电器	
	女性服饰			清洁电器	
				洗浴电器	
			粮油类		

步骤三：到你经常去的超市用心观察，看一看哪些类别的商品离得比较近，哪些类别的商品离得比较远，分析这样摆放的原因，并举实例说明。

超市摆放离得较近的商品类别：＿＿＿＿＿＿＿＿＿＿＿＿＿＿＿

＿＿＿＿＿＿＿＿＿＿＿＿＿＿＿　原因：＿＿＿＿＿＿＿＿＿＿＿＿

超市摆放离得较远的商品类别：＿＿＿＿＿＿＿＿＿＿＿＿＿＿＿

＿＿＿＿＿＿＿＿＿＿＿＿＿＿＿　原因：＿＿＿＿＿＿＿＿＿＿＿＿

＿＿＿＿＿＿＿＿＿＿＿＿＿＿＿＿＿＿＿＿＿＿＿＿＿＿＿＿＿＿

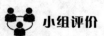 小组评价

小组综合评价表

组别	评价内容及分值					
	组内学生分工明确（20分）	问题分析精准透彻（20分）	商品类别划分合理（20分）	实例列举贴合实际（20分）	小组创新（20分）	总分（100分）
第1组						
第2组						
第3组						

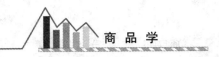
续　表

组　别	评价内容及分值					
	组内学生分工明确（20分）	问题分析精准透彻（20分）	商品类别划分合理（20分）	实例列举贴合实际（20分）	小组创新（20分）	总　分（100分）
第4组						
第5组						
第6组						
第7组						
第8组						
总评价						
备　注						

任务二　商品分类的方法

任务目标

知识目标：了解常见的商品分类体系，掌握线分类法与面分类法。

技能目标：能熟练利用线分类法与面分类法对常见商品进行分类。

能力目标：能灵活运用线分类法与面分类法分析超市中常见的商品分类。

案例分析

表3.2.1　商品分类的排列程序及应用实例

商品类目	应用实例	
	食品	服装
商品大类	食品	服装
商品中类	饼干	西服
商品小类	全麦饼干	毛呢西服
商品品种	无糖全麦饼干	灰色毛呢西服
质量等级	优等	一等

【问题分析】

1. 表中同属商品大类的食品与服装是包含关系还是并列关系？

_____

2. 表中饼干与全麦饼干之间是包含关系还是并列关系？

_____

理论知识

一、线分类法

　　线分类法也称层级分类法，是把拟分类的商品集合总体按选定的分类标志逐次地分成若干个层级类目的过程。

　　线分类法属于传统的分类方法，使用范围最为广泛，一般按照大类、中类、小类、细类等不同层次逐级展开，各个类目之间构成隶属的关系。

　　线分类法的优点是：层次性好，能较好地反映类目之间的逻辑关系；符合传统应用习惯，既适合手工处理又便于计算机处理；能满足商品不断发展、更新和变化的需要。线分类法的缺点是：层级结构弹性差，分类标志及层级的固定性会导致容纳量有限，不利于新商品的引入。在实际应用中，通常采用预留空位的办法来克服线分类体系有限容纳量的问题。

线分类法的优缺点

优点	1. 层次性好； 2. 能较好地反映类目之间的逻辑关系； 3. 符合传统应用习惯，既适合手工处理，又便于计算机处理； 4. 能满足商品不断发展、更新、变化的需要
缺点	1. 分类结构弹性差； 2. 对商品的容纳量有限，不利于新商品引入
注意事项	克服办法：预留空位

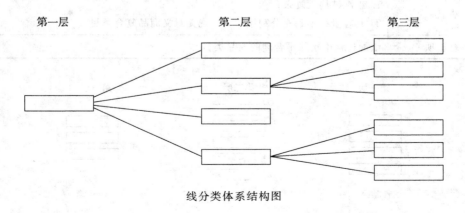

线分类体系结构图

75

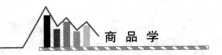

线分类法应用实例

大类	中类	小类
鞋类	儿童鞋 青年鞋 中年鞋 老年鞋	布鞋 胶鞋 皮鞋 塑料鞋

【练一练】

家具类线分类体系

大类	中类	小类
家具类		

二、面分类法

面分类法又称平行分类法，是把拟分类的商品集合总体按选定的分类标志平行地分成若干个独立的同等级类目的过程。

面分类法每个类目选用的分类标志都具有唯一性，因此，每个层级之间是并列关系。

面分类法的优缺点

优点	1. 分类体系结构弹性好； 2. 可大量扩充新类目； 3. 不必预先确定好最后分组
缺点	1. 组配结构太复杂； 2. 其容量得不到充分利用，会出现无意义商品复合类目
注意事项	组配过程中剔除不合理的商品类目

第一层　　　　　　第二层　　　　　　第三层

面分类体系结构图

鞋的分类通常就是按面分类法组配的。常见的服装分类标志有性别、年龄、款式、面料、型号、用途等。可以随机选择三个不同的分类标志，这三个分类标志必须是没有隶属关系的"面"，每个"面"又分若干个类目。在具体使用时，将互不隶属的类目组配起来，形成一个复合类目，如男式儿童布鞋。

面分类法应用实例

性别	年龄	款式
男式 女式	儿童鞋 青年鞋 中年鞋 老年鞋	布鞋 胶鞋 皮鞋 塑料鞋

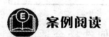 【练一练】

汽车类面分类体系

实训项目 4.2：商品分类体系实训

案例阅读

零售行业新理念

　　零售业商品分类新理念——建立以顾客为中心的商品分类体系。

　　目前，在我国零售企业，特别是百货商店和超市的商品经营中，按照商品的材料、属性、品牌和制造商对其进行划分、陈列是一种非常普遍的现象。有人认为这种分类方法主要从店家方便管理出发，但是易造成卖场分类不清，商品陈列分散，不方便顾客关联购买，是一种低效率商品分类方法。由于这类分类方法的普遍应用，相当多的百货、超市的卖场布局、商品结构、商品陈列甚至店内气氛都出现雷同的现象。

◎【小组讨论】

你认为商品分类的过程中是以商品本身的特性为中心进行分类比较合理，还是以消费者为中心进行分类比较合理呢？

_____

_____

小组任务

线分类法与面分类法的实际应用

1. 活动形式：小组参与，合作探究。

2. 活动时间：45分钟。

3. 活动目的：让学生掌握商品分类体系的基本方法，并能够灵活运用线分类法和面分类法对商品大类进行细分，锻炼学生的小组合作探究能力、日常观察能力和分析能力。

4. 活动步骤。

步骤一：假设你要开一家服饰店，你会销售哪些服饰？请根据以下分类标志对服饰进行分类。

分类标志	按年龄分类	按性别分类	按款式分类
服饰类			

步骤二：假设你要开一家家具店，你会销售哪些家具？你会如何选择合适的分类标志进行分类呢？

分类标志	按_____分类	按_____分类	按_____分类
家具类			

步骤三：如果让你对自己所在学校（_____学校）的所有学生进行分类，请结合学校对学生的具体管理进行分类，并画出相应的线分类体系及面分类体系。

××学校学生线分类体系

××学校学生面分类体系

小组综合评价表

组　别	评价内容及分值					
	组内学生分工明确（20分）	问题分析精准透彻（20分）	分类标志明确具体（20分）	类目划分准确（20分）	小组创新（20分）	总　分（100分）
第1组						
第2组						
第3组						

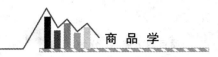

续　表

组　别	评价内容及分值					
	组内学生分工明确（20分）	问题分析精准透彻（20分）	分类标志明确具体（20分）	类目划分准确（20分）	小组创新（20分）	总　分（100分）
第4组						
第5组						
第6组						
第7组						
第8组						
总评价						
备　注						

任务三　商品编码与目录

任务目标

知识目标：了解商品编码的定义与作用，掌握阿拉伯数字法、英文字母法和混合编码方法。

技能目标：能灵活运用编码方法对常见的线分类体系与面分类体系进行编码。

能力目标：能利用编码方法识别超市中常见的编码。

案例分析

1. 你看过《风声》这部电影吗？你知道电影中地下党员是如何传递消息的吗？请了解一下。

Morse-Alphabet
(Punkt = kurz blinken, Strich = lang blinken.)

a ·—	i ··	r ·—·	1 ·————
ä ·—·—	j ·———	s ···	2 ··———
b —···	k —·—	t —	3 ···——
c —·—·	l ·—··	u ··—	4 ····—
ch ————	m ——	ü ··——	5 ·····
d —··	n —·	v ···—	6 —····
e ·	o ———	w ·——	7 ——···
f ··—·	ö ———·	x —··—	8 ———··
g ——·	p ·——·	y —·——	9 ————·
h ····	q ——·—	z ——··	0 —————

Verstanden ···—··
Schlusszeichen ·—·—·

2. 你知道上面的图片代表的是哪种密码吗？这种密码是如何传递消息的呢？

_____

_____

3. 你在学校有自己的代码吗？

_____

_____

4. 请将你的学生证上的学号写下来。

_____

_____

5. 小组讨论：学号中每个数字代表什么含义呢？

_____

_____

6. 请写出你的身份证号。（出于个人隐私的考虑，填写时可更改个人的出生年月日）

_____

_____

7. 全班对比五个不同地区学生的身份证号，分析身份证号的数字具体代表什么含义。

_____

_____

8. 头脑风暴：国家为什么赋予每个人一个身份证号呢？学校为什么分配给学生一个学号呢？

_____

_____

理论知识

一、商品编码

商品编码又称商品代码，是指用一组有序的代表符号来对商品分类体系中的商品进行标识的过程。

商品编码有利于对种类繁多的商品进行识别和记忆，方便实际工作中的查找与记录，方便提高工作效率，便于现代化商品管理。

二、商品目录

（一）连续编码法

1. 连续数字编码

连续数字编码是将商品类别中的所有商品进行有序排列，然后依次从"1"起按阿拉伯数字顺序进行编码。

该编码方法的优点是简单明了，易于追加；缺点是代码无分类功能，不适合种类繁多的商品体系。

2. 连续英文编码

连续英文编码是将商品类别中的所有商品进行有序排列，然后依次从"A"起按英文字母的顺序进行编码。

该编码方法的优点是简单明了；缺点是代码无分类功能，因为 26 个英文字母的有限性，不适合超过总商品数超过 26 个的商品分类体系。

案例展示

鞋类商品线分类体系

大类	中类	小类
鞋类（01）	儿童鞋（11） 青年鞋（12） 中年鞋（13） 老年鞋（14）	布鞋（21） 皮鞋（22） 塑料鞋（23）

鞋类线分类体系中可组合出以下具体商品，按照连续数字编码方式与连续英文编码方式可进行下面的编码。

★ 按连续数字编码方式可进行如下编码：

1. 儿童布鞋　　　　2. 儿童皮鞋　　　　3. 儿童塑料鞋

4. 青年布鞋　　　　5. 青年皮鞋　　　　6. 青年塑料鞋

7. 中年布鞋　　　　8. 中年皮鞋　　　　9. 中年塑料鞋

10. 老年布鞋　　　　11. 老年皮鞋　　　　12. 老年塑料鞋

★ 按连续英文编码方式可进行如下编码：

A. 儿童布鞋　　　　　B. 儿童皮鞋　　　　　C. 儿童塑料鞋

D. 青年布鞋　　　　　E. 青年皮鞋　　　　　F. 青年塑料鞋

G. 中年布鞋　　　　　H. 中年皮鞋　　　　　I. 中年塑料鞋

J. 老年布鞋　　　　　K. 老年皮鞋　　　　　L. 老年塑料鞋

（二）层级编码法

层级编码法是针对商品分类体系的不同层级，对每个层级进行分别有序编码的方法。

1. 层级数字编码

层级数字编码是对商品分类体系的不同层级进行双数字编码的方法。

鞋类线分类体系——层级数字编码

大类	中类	小类
鞋类（01）	儿童鞋（11） 青年鞋（12） 中年鞋（13） 老年鞋（14）	布鞋（21） 皮鞋（22） 塑料鞋（23）

011121.儿童布鞋　　　　011122.儿童皮鞋　　　　011123.儿童塑料鞋

011221.青年布鞋　　　　011222.青年皮鞋　　　　011223.青年塑料鞋

011321.中年布鞋　　　　011322.中年皮鞋　　　　011323.中年塑料鞋

011421.老年布鞋　　　　011422.老年皮鞋　　　　011423.老年塑料鞋

2. 层级英文编码

层级英文编码是对商品分类体系的不同层级进行双英文编码的方法。

鞋类线分类体系——层级英文编码

大类	中类	小类
鞋类（XL）	儿童鞋（EN） 青年鞋（QN） 中年鞋（ZN） 老年鞋（LN）	布鞋（BX） 皮鞋（PX） 塑料鞋（SX）

XLENBX.儿童布鞋　　　XLENPX.儿童皮鞋　　　XLENSX.儿童塑料鞋

XLQNBX.青年布鞋　　　XLQNPX.青年皮鞋　　　XLQNSX.青年塑料鞋

XLZNBX.中年布鞋　　　XLZNPX.中年皮鞋　　　XLZNSX.中年塑料鞋

XLLNBX.老年布鞋　　　XLLNPX.老年皮鞋　　　XLLNSX.老年塑料鞋

3. 层级混合

层级混合编码是对商品分类体系的不同层级进行双数字与双英文混合编码的方法，但每个层级内部必须采用唯一的编码方式。

鞋类线分类体系——层级混合编码

大类	中类	小类
鞋类（XL）	儿童鞋（11） 青年鞋（12） 中年鞋（13） 老年鞋（14）	布鞋（21） 皮鞋（22） 塑料鞋（23）

XL1121.儿童布鞋　　　　XL1122.儿童皮鞋　　　　XL1123.儿童塑料鞋

XL1221.青年布鞋　　　　XL1222.青年皮鞋　　　　XL1223.青年塑料鞋

XL1321.中年布鞋　　　　XL1322.中年皮鞋　　　　XL1323.中年塑料鞋

XL1421.老年布鞋　　　　XL1422.老年皮鞋　　　　XL1423.老年塑料鞋

【练一练】

请结合线分类体系编码方法，对下面的鞋类商品面分类体系进行编码。

鞋类商品面分类体系

性别	年龄	原材料
男性 女性	儿童鞋 青年鞋 中年鞋 老年鞋	布鞋 皮鞋

（1）请写出鞋类商品面分类体系中能组合出的所有具体商品。

（2）请用数字连续编码法与英文连续编码法对鞋类所有商品进行编码。

鞋类商品面分类体系——连续数字编码法

鞋类商品面分类体系——连续英文编码法

（3）请用层级数字编码方式对鞋类商品面分类体系进行编码。

鞋类商品面分类体系——层级数字编码方式

性别	年龄	原材料
男性（　　） 女性（　　）	儿童鞋（　　） 青年鞋（　　） 中年鞋（　　） 老年鞋（　　）	布鞋（　　） 皮鞋（　　）

（4）请用层级英文编码方式对鞋类商品面分类体系进行编码。

商品面分类体系——层级英文编码方式

性别	年龄	原材料
男性（　　） 女性（　　）	儿童鞋（　　） 青年鞋（　　） 中年鞋（　　） 老年鞋（　　）	布鞋（　　） 皮鞋（　　）

（5）请用登记混合编码方式对鞋类商品面分类体系进行编码。

商品面分类体系——层级英文编码方式

性别	年龄	原材料
男性（　　） 女性（　　）	儿童鞋（　　） 青年鞋（　　） 中年鞋（　　） 老年鞋（　　）	布鞋（　　） 皮鞋（　　）

实训项目 4.3：超市经营实战

 **案例阅读**

如果你是省会城市 A 一大型超市的负责人，现在打算在市内开一家超市，你会如何选址？选址的时候会考虑哪些因素？请说明选址理由。

选址考虑因素	选址理由

小组任务

1. 活动形式：小组参与，实战操作。

2. 活动时间：45 分钟。

3. 活动目的：加深学生对商品质量的概念及性质的认识，引导学生加深对实物商品质量的认知，锻炼学生的发散思维、团队协作能力及推销能力。

4. 活动步骤。

步骤一：结合实际超市的商品类别，如果让你负责设计新超市的商品经营大类（至少 6 大类别）及区域平面分布图，你会如何设计？

超市商品经营大类：

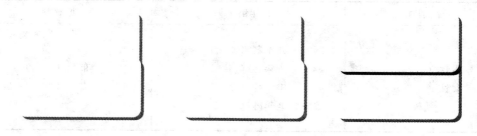

步骤二：超市商品区域图。

| |
| |

步骤一：根据超市经营大类，建立商品分类体系。（采用线分类体系）

超市类别分类体系 1

超市类别分类体系 2

超市类别分类体系 3

超市类别分类体系 4

超市类别分类体系 5

超市类别分类体系 6

步骤四：请采用层级混合编码法对以上所有商品的分类体系进行编码。（在分类体系中直接编码即可）

 小组评价

小组综合评价表

组　别	评价内容及分值					
	组内学生分工明确（20分）	学生分工合作能力（20分）	超市区域划分合理（20分）	商品分类编码准确（20分）	小组创新（20分）	总　分（100分）
第1组						
第2组						
第3组						
第4组						
第5组						
第6组						
第7组						
第8组						
总评价						
备　注						

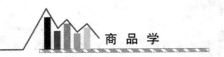

一个价值 600 万美元的玻璃瓶

可口可乐的玻璃瓶包装至今仍为人们所称道。1898 年，鲁特玻璃公司一位年轻的工人亚历山大·山姆森在同女友约会时发现女友穿着一套筒型连衣裙，显得臀部突出，腰部和腿部纤细，非常好看。约会结束后，他突然有了灵感，根据女友穿着这套裙子的形象设计出一个玻璃瓶。

经过反复修改，亚历山大·山姆森不仅将瓶子设计得非常美观，很像一位亭亭玉立的少女，他还把瓶子的容量设计成刚好装下一杯水。瓶子试制出来之后，获得大众交口称赞。有经营意识的亚历山大·山姆森立即到专利局申请专利。当时，可口可乐公司的决策者坎德勒在市场上看到亚历山大·山姆森设计的玻璃瓶后，认为非常适合作为可口可乐的包装，于是他主动向亚历山大·山姆森提出购买这个瓶子的专利。经过一番讨价还价，最后可口可乐公司以 600 万美元的天价买下此专利。要知道在 100 多年前，600 万美元可是一项巨大的投资。然而，实践证明可口可乐公司这一决策是非常成功的。

亚历山大·山姆森设计的瓶子不仅美观，而且使用非常安全，易握且不易滑落。更令人叫绝的是，其瓶型的中下部是扭纹型的，如同少女所穿的条纹裙子，而瓶子的中段则圆满丰硕，如同少女的臀部。此外，由于瓶子的结构是中大下小，当它盛装可口可乐时，给人的感觉是分量很多。采用亚历山大·山姆森设计的玻璃瓶作为可口可乐的包装以后，可口可乐的销量飞速增长，在两年的时间内销量翻了一倍。从此，采用山姆森玻璃瓶作为包装的可口可乐开始畅销美国，并迅速风靡世界。600 万美元的投入，为可口可乐公司带来了数以亿计的回报。

⭘【议一议】

1. 你喜欢可口可乐的包装瓶吗？它有哪些优点呢？

_____

_____

2. 你认为可口可乐的包装瓶有缺点吗？

_____

_____

3. 在饮料中，你见过最具特色的包装是哪种饮料的包装？

_____

_____

4. 为什么说包装是商品"沉默的推销员"？

_____

_____

5. 如果让你设计一款饮品的包装，你会如何设计外形呢？

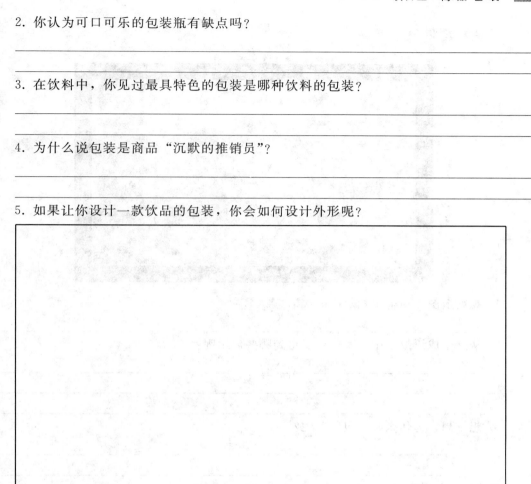

任务一　商品包装的概念及功能

任务目标

知识目标：了解商品包装的概念，掌握商品包装的作用。

技能目标：能灵活利用商品包装的作用解释常见的商品包装，具备一定的商品包装鉴赏能力。

素养目标：培养学生基本的包装鉴赏能力，锻炼学生的自主分析及合作探究能力，增强学生的团队协作能力。

1. 观察上图，请猜出相对应的成语。

_____

2. 从这个成语故事中，我们可以得到哪些启示呢？

_____

_____

_____

3. 想一想，为什么叫"包装"呢？

_____

_____

4. "包装"属于商品吗？为什么？

_____

_____

_____

理论知识

一、商品包装的概念

我国《包装通用术语》国家标准（GB/T 4122-83）对包装所下的定义是：包装是在流通过程中保护产品、方便储运、促进销售、按一定技术方法而采用的容器、材料及辅助物等将物品包封并予以适当封装和标志的总体名称。

商品包装包含了两重含义：一是指盛装商品的容器及其他包装物料，通常称作包装物，如箱、袋、筐、桶、瓶等，这是一种静态的理解；二是指包装商品时的技术操作过程，包括包装技术和包装方法，如装箱、灌瓶、装桶、打包等，这是一种动态的理解。

目前，对商品包装的研究更多的是围绕静态的"物质实体"，就是依据一定的商品属性、数量、形态以及储运条件和销售需要，采用特定包装材料和技术方法，按设计要求创造出来的造型和装饰相结合的实体。

从实体构成来看，包装由包装材料、包装技法、包装结构造型和包装表面装潢四大要素构成。包装材料是包装的物质和技术基础，是包装功能的物质承担者；包装技法是实现包装保护功能、保证内装商品质量的关键；包装结构造型是包装材料和包装技法的具体形式；包装表面装潢是通过画面和文字美化来宣传和介绍商品的主要手段。

◎【议一议】

1. 在见到过的商品包装中，你认为最成功的包装是哪种商品的包装呢？你认为它在包装的哪些方面设计得比较成功呢？

_____

_____

2. 是不是所有商品都需要包装呢？超市中有"无包装"的商品吗？请举例说明。

_____

_____

二、商品包装的功能

包装历史悠久，起源于原始社会的末期。随着人类社会的进步和科学技术的发展，包装的作用也在不断扩展，主要体现在以下几个方面。

（一）容纳功能

对于一般结构的商品，包装的容纳增加了商品的保护层，有利于商品质量稳定；对于复杂结构的商品，包装通过合理的压缩，可充分利用包装容积、节约包装费用、节省储运空间，将个体包装统一组合起来化零为整，化分散为集中，便于运输流通；对于特殊没有集合形态的商品，如液体、气体和粉状商品，只有通过包装的容纳才具有特定的形态，如果没有包装，这类商品就无法运输、存储、携带和销售。

案例拓展

不同形态商品包装的容纳功能

（二）保护商品

商品从生产领域到流通领域，再到消费领域，需要经过多次、多种形式以及不同时间

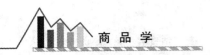

和空间条件下的装卸、搬运、堆码、储存等过程，商品受到各种因素的影响，可能发生物理、机械、化学、生物等变化，从而造成商品损失与损耗。科学合理的包装能使商品抵抗各种外界因素的破坏，也可以把与内因有关的质量变化控制在合理、允许的范围内，从而保证商品质量、数量的完好。

保护商品的"包装"

（三）便于流通

商品从出厂后要经过分配调拨、运输装卸、开箱验收、储存保管、展示销售等一系列流通环节，只有选用合理的商品包装，才有利于商品的安全装卸、合理运输和最大限度地利用仓储空间，才能在收发转移过程中方便识别、验收、计量、分发和清点，从而提高商品流通各环节的适应性和便利性，提高流通效率，降低运输储存费用。

便于流通的"包装"

（四）促进销售

装潢设计恰到好处的商品包装是无声的推销员，它在商品和消费者之间起着重要的媒介作用。商品包装可以通过其独特的表现形式表现商品，传达信息，美化商品，从而成功激发消费者的购买欲望，大大促进其销售。

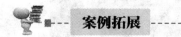

促进销售的"包装"

（五）方便消费

成功的商品包装不单单是外表上能够吸引消费者的目光，而且在具体使用过程中能让消费者更加方便地进行使用。比如：在流通过程中方便运输、储存、装卸和开箱等，在销售过程中方便陈列、拿取、销售等，在环保方面方便回收利用和处理等。

方便消费的"包装"

（六）提高商品价值，促进使用价值的实现

很多商品都会通过优化商品包装来提升商品的附加价值，进而在增强包装美观性、实用性的同时快速实现商品价值的增值。商品包装本身就是商品价值和使用价值的特殊商品，具有其独特的使用价值。

方便消费的"包装"

【想一想】

中国茶叶历史悠久，品茶已成为中国人日常生活中不可缺少的一部分。茶叶是一种干品，极易吸湿受潮而产生质变，它对水分、异味的吸附能力很强，而香气又极易挥发。当茶叶保管不当时，在水分、温湿度及光、氧等因子的作用下，会导致茶叶质量发生变化，故对存放时用什么盛器、用什么方法均有一定的要求。常用的包装主要是茶叶罐，主要有锡制茶叶罐、马口铁制茶叶罐、陶瓷茶叶罐、玻璃茶叶罐、纸制茶叶罐等。马口铁茶叶罐因其款式多样，印刷精美，不易破损，运输方便等，为大众所喜爱。

1. 茶叶包装有什么作用？

_____

_____

2. 请你结合商品包装的功能具体分析一下：为什么茶叶常用的包装是不同材质的茶叶罐？

_____

_____

_____

三、商品包装的分类

商品包装种类繁多，包装形式、包装材质、包装技法等分类标志不同，分类结果也不尽相同。现在我们选用常见的分类标志对商品包装进行分类。

（一）按包装在商品流通中的作用分类

按照包装在商品流通中作用的不同划分，可分为运输包装和销售包装。

1. 运输包装。运输包装是指在运输流通过程中保护商品、方便储运装卸、加速交接点验、便于安全运输的较大单元的包装形式。它又称大包装或外包装，主要作用在于保护商品，防止在储运过程中发生货损货差，并最大限度地避免运输途中各种外界条件对商品可能产生的影响，方便检验、计数、装卸、储存和运输。常见的运输包装有纸箱、木箱、桶、集合包装、托盘包装等形式。

2. 销售包装。销售包装是指直接接触商品，并随内装商品一同销售给消费者的包装，亦称为小包装或内包装。销售包装一般包装件小，并且美观、安全、卫生、新颖、易于携带，印刷装潢要求较高，它具有便于陈列展销、便于识别商品、便于携带和使用、有利于增加销售的特点。

（二）按包装材料分类

以包装材料作为分类标志，一般可分为纸类、木材类、金属类、塑料类、玻璃类、陶瓷类、纤维制品类、复合材料类等包装。

1. 纸类包装。纸类包装是指以纸与纸板为原料制成的包装，它包括纸袋、纸箱、纸盒、纸桶、瓦楞纸箱等。

2. 木材类包装。木材类包装是指以天然木材、木材制品和人造板材制成的包装，主要有木箱、木桶、胶合板箱、木条板箱、纤维板箱、木制托盘等。

3. 金属类包装。金属类包装是指以黑铁皮、白铁皮、马口铁、钢板、铅箔、铅合金等制成的各种包装，主要有金属桶、金属罐、金属瓶等。

4. 塑料类包装。塑料类包装是指以人工合成树脂为主要原料的高分子材料制成的包装，主要有全塑箱、钙塑箱、塑料桶、塑料盒、塑料瓶、塑料袋、塑料编织袋等。

5. 玻璃类包装。玻璃类包装是指以二氧化硅和各种金属氧化物为主要成分的硅酸盐材料制成的包装，主要有玻璃瓶和玻璃罐。

6. 陶瓷类包装。陶瓷类包装是指以在胚体表面覆盖釉层的硅酸盐材料制成的包装，主要有陶瓷罐、陶瓷瓶、陶瓷坛、陶瓷缸等。

7. 纤维制品类包装。纤维制品类包装是指以棉、麻、丝、毛、竹等天然纤维和人造纤维、合成纤维的制品为材料制成的包装，主要有麻袋、布袋、布包、编织袋等。

8. 复合材料类包装。复合材料类包装是指以两种或两种以上材料复合制成的包装，也称为复合包装。复合材料包装兼具多种包装材料的优点，是现代包装材料的发展方向，主要有纸与塑料、塑料与铅箔和纸、塑料与木材、塑料与玻璃等材料复合制成的包装。

（三）按包装所采用的技法分类

以技法为分类标志，商品包装可以分为泡罩包装、铁体包装、收缩包装、提袋包装、喷雾包装、蒸煮包装、真空包装、充气包装、防锈包装、防霉包装、防虫包装、防震包装、礼品包装、收缩包装、无菌包装、硅窗气调包装、防潮包装、缓冲包装、集合包装等多种类型。

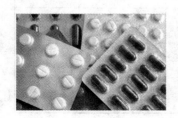

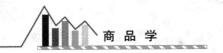

实训项目 5.1：包装功能与材质实训

小组任务

根据不同类型的商品进行包装功能与材质优缺点的分析

1. 活动形式：小组参与集体讨论。
2. 活动时间：45 分钟。
3. 活动目的：加深学生对包装概念、功能及类型的认识，提升学生的自主分析能力及团队合作意识。
4. 活动步骤。

步骤一：小组包装调查。

（1）你最喜欢的包装是什么？

_____

（2）你见过最奇特的商品是什么？

_____

（3）请组内成员查阅资料，收集不同材质的商品包装。

_____

步骤二：小组将查阅到的商品包装，根据分类依据判断包装类型，参照示例完成表格。

商品包装物	按包装作用分	按包装材料分	包装的主要功能
德芙巧克力金属盒	销售包装	金属包装	识别、美化、保护商品

步骤三：小组查阅资料，分析不同材质的优缺点。

包装材质	优点	缺点
纸质		
塑料		
金属		
玻璃		
陶瓷		
纤维		

小组评价

小组综合评价表

组　别	评价内容及分值					
	组内学生分工明确（20分）	小组团结合作能力（20分）	包装列举准确全面（20分）	包装特点分析全面（20分）	小组创新（20分）	总　分（100分）
第1组						
第2组						
第3组						
第4组						
第5组						
第6组						
第7组						
第8组						
总评价						
备　注						

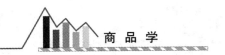

任务二　运输包装

任务目标

知识目标：了解运输包装的概念，能够识别常见的运输包装形式及标志。

技能目标：能对常见的运输包装进行运输包装标志分析。

素养目标：拓展学生对包装认识的宽度，提升学生的自主分析能力及团队合作意识。

案例分析

一年用掉 99.2 亿个包装箱

撕掉长长的胶带，剥开层层包装袋，打开纸箱，割开气泡垫，拿出商品，然后把一大堆包装材料扔进垃圾箱，这是很多人收到快递后常见的举动。然而，大量废弃的快递包装正在成为我国环境污染"大户"。

随着淘宝、京东等互联网商场的发展，我们的生活基本离不开快递，很多年轻人的日常吃穿住行用到的大部分东西都来自互联网商场，因此快递公司承载量飙升。为了防止商品破损与毁坏，减少由此造成的赔偿，采取一定的包装措施是非常必要的。但是，考虑到商品分类、运输中搬运人员可能存在的"暴力分拣""野蛮装卸"等因素，商家往往会过度包装。也有的商家为了提升商品价值，满足部分人的虚荣心而进行奢华包装，造成浪费，产生垃圾。

《中国快递领域绿色包装发展现状及趋势报告》显示：2015 年 400 多万吨包装垃圾中，消耗编织袋约 31 亿条、塑料袋约 82.68 亿个、封套约 31.05 亿个、包装箱约 99.22 亿个、胶带约 169.85 亿米、内部缓冲物约 29.77 亿个，仅胶带的总长度就可以绕地球赤道 425圈，而这些胶带在生产过程中会产生 2800 公斤气体溶剂 VOCs（焚烧会形成霾状物），如果填埋处理，实现自然降解需要 100—150 年。该数据不禁令人震惊与感慨：每日收到的小小快递包裹竟造成这么大的浪费。

呼吁让快递包装"绿起来"是我们每个人的责任！

◎【议一议】

如何解决快递垃圾问题？你有什么好的建议吗？

_____

_____

◎ 理论知识

一、运输包装的概念

运输包装是指为了尽可能降低运输流通过程对产品造成损坏、保障产品的安全、方便储运装卸、加速交接点验、人们将包装中以运输储运为主要目的的包装。它又称为外包装，主要作用在于保护商品，防止在储运过程中发生货损货差，并最大限度地避免运输途中各种外界条件对商品可能产生的影响，方便检验、计数和分拨。

对于运输包装有以下基本要求：具有足够的强度、刚度与稳定性；具有防水、防潮、防虫、防腐、防盗等防护能力；包装材料选用符合经济、安全的要求；包装重量、尺寸、标志、形式等应符合国际与国家标准，便于搬运与装卸；能减轻工人的劳动强度，使操作安全便利；符合环保要求。

二、运输包装材料和容器

（一）运输包装材料

可分为纸制包装、金属包装、木制包装、塑料包装、麻制品包装及竹、柳、草制品包装、玻璃制品包装和陶瓷包装等。

（二）运输包装容器

包装容器一般是指在商品流通过程中为了保护商品、方便储存、利于运输、促进销售、防止环境污染和预防安全事故按一定技术规范而用的包装器具、材料及其他辅助物的总体名称。

包装容器是包装材料和造型相结合的产物，包括包装袋、包装盒、包装瓶、包装罐和包装箱等。列入现代物流包装行列的包装箱主要有瓦楞纸箱、木箱、托盘集合包装、集装箱和塑料周转箱。

1. 瓦楞纸箱

瓦楞纸箱是采用具有空心结构的瓦楞纸板，经过成型工序制成的包装容器。

瓦楞纸箱的应用范围非常广泛，几乎包括所有的日用消费品。瓦楞纸箱具有很多优点：它的设计可使之具有足够的强度，富有弹性，且密封性能好，便于实现集装单元化，便于空箱储存；它的箱面光洁，印刷美观，标志明显，便于传达信息；它的体积、重量比木箱小，有利于节约运费；纸箱耗用资源比木箱要少，其价格自然比木箱低，经回收利用可以节约资源。当然，瓦楞纸箱也有一些不足之处，主要是其抗压强度不足，防水性能差。

2. 木 箱

木箱是一种传统的包装容器，虽然在很多情况下已逐步被瓦楞纸箱所取代，但木箱与瓦楞纸箱相比，在某些方面仍有其优越性和不可取代性。

常见的木箱有木板箱、框板箱和框架箱三种。木板箱一般用于小型运输包装容器，能装载多种性质不同的物品，有较大的耐压强度，但箱体较重，防水性较差；框板箱是由条木与人造材板制成的箱框板，再经钉合装配而成；框架箱是由一定截面的木条构成箱体的骨架，再根据需要在骨架外面加上木板覆盖而成。

3. 托盘集合包装

托盘集合包装是把若干件货物集中在一起，堆叠在运载托盘上，构成一件大型货物的包装形式。托盘包装是为了适应装卸和搬运作业机械化而产生的一种包装形式。

4. 集装箱

集装箱是密封性较好的大型包装箱。使用集装箱可实现最先进的运输方式，即"门到门"运输。集装箱属于大型集合包装，具有既是运输工具又是包装方法和包装容器的特点。在适应现代化物流方面，它比托盘集合包装更具有优越性。

5. 塑料周转箱

塑料周转箱是一种适于短途运输、可以长期重复使用的运输包装器具。同时，它是一种敞开式的、不需要捆扎、用户也不必开包的运输包装。所有与厂家直销挂钩、快进快出的商品都可采用周转箱，如饮料、肉食、豆制品、牛奶、糕点、禽蛋等食品。

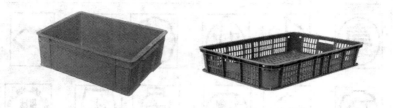

三、运输包装标志

运输包装标志是为了说明包装商品的特性、运输活动的安全性以及理货、分货应该注意的事项等而涂刷、粘贴或拴挂在运输包装外面的文字、数字或图案。

运输包装标志分为包装储运图示标志、运输包装收发货标志、危险货物包装标志三大类。

（一）包装储运图示标志

又称指示标志。它是根据不同商品的性能和特殊要求，用简洁醒目的图案和文字来标示，以提示人们在装卸、运输和储存过程中应注意事项的标志，如对一些易碎、易变质或需防潮的商品在装运和储存过程中提出的要求和注意事项。

参照采用国际标准《包装——储运图示标志》（ISO 780—1997）规定，我国国家标准《包装储运图示标志》（GB 191—2008）包装储运图示标志如下：

（二）运输包装收发货标志

运输包装收发货标志也称为识别标志，又称唛头。它是帮助收发货人识别货物的标志，通常由简单的图形、文字和一些字母或数字组成。收发货标志一般包括以下内容。

1. **商品的分类标志**

分类标志是用几何图形和简单文字表明商品类别的特定符号，属于必用标志。商品分

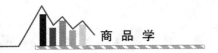
类图形标志如下图所示：

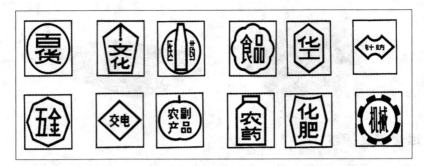

2. 自行合理选用的标志

①供货号（代号 GH）：指供应该批货物的供货清单号码。

②货号（HH）：指商品编号，以便出入库、收发货登记、核定商品价格。

③品名规格（PG）：指商品名称或代号，还指单一商品的规格、型号、尺寸、花色等。

④数量（SL）：指包装容器内所包含商品的数量。

⑤重量（ZL）：指包装商品的重量（千克），包括毛重和净重。

⑥生产日期（CQ）：指产品生产的年、月、日。

⑦有效期限（XQ）：指产品的有效日期至某年某月某日。

⑧生产厂名（CC）：指生产该产品的工厂名称。

⑨体积（TJ）：指包装物的外径尺寸。

⑩收货地点或单位（SH）：指货物到达某地点或某单位。

⑪件号：指该件货物在本批货物中的编号。

⑫发运件数（JS）：指发运的件数。

（三）危险货物包装标志

又称危险货物运输标志。它是由文字、图形和数字组成的，用以证明对人身和财产安全有严重威胁的货物的专用标志。

中国国家标准 GB 190—009《危险货物包装标志》规定有 9 类危险货物的包装标志，见下图：

实训项目 5.2：运输包装实训

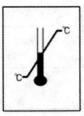

小组任务

根据不同运输包装进行包装材质及包装表示分析

1. 活动形式：小组参与集体讨论。

2. 活动时间：45 分钟。

3. 活动目的：加深学生对运输包装及运输包装标志的认识；增强学生的自主分析能力及团队合作意识。

4. 活动步骤。

步骤一：请画出相应商品的运输包装分类标志。（手绘）

商品名称	商品运输包装分类标志	商品名称	商品运输包装分类标志
可口可乐		阿莫西林胶囊	
钢笔		褚橙	
轴承		手机	

步骤二：请在每个标志后面的横线上写出商品包装标志的名称，并在空白处标注使用说明。

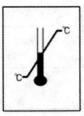

_____

_____

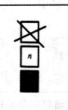

步骤三：判断下列商品适用哪种运输包装标志符号，并将适合的标志画在相应的表格中。

商品的运输包装标志

序号	商品名称	运输包装标志
1	玻璃杯	
2	箱装牛奶	
3	桶装油漆	
4	食盐	
5	冻肉	
6	箱装雪饼	

 **小组评价**

小组综合评价表

组　别	评价内容及分值					
	组内学生分工明确（20分）	问题分析精准透彻（20分）	包装标志识别明晰（20分）	包装标志归类准确（20分）	小组创新（20分）	总　分（100分）
第1组						
第2组						
第3组						
第4组						
第5组						
第6组						
第7组						
第8组						
总评价						
备　注						

任务三　销售包装

任务目标

知识目标：了解销售包装概念及优秀的销售包装应该具备的条件；掌握销售包装标志的内容；了解商品的商标概念及特征。

技能目标：能够通过商品包装的标志正确识别商品特性。

素养目标：培养学生对销售包装的鉴赏与设计能力，锻炼学生的自主分析及合作探究能力，增强学生的团队协作能力。

婴幼儿奶粉标签规范化

2016年12月初，国家食药监总局办公厅发布《关于开展婴幼儿配方乳粉标签标识规范和监督检查工作的通知》（以下简称《通知》）。

《通知》提到婴幼儿配方乳粉标签标识检查的七个方面，其中包括不得明示或者暗示具有益智、增加抵抗力或者免疫力、保护肠道等功能性表述，不得使用"进口奶源""源自国外牧场""生态牧场"等模糊信息，标签上不得使用"人乳化""母乳化"或近似术语表达等。对此，记者针对线上、线下在售的婴幼儿奶粉进行调查后发现，有些品牌在包装上写着"有助于婴儿视力的正常发育"，有些介绍称"给予宝宝营养、吸收、消化、免疫、智力五维系统自然、安全、完整的呵护"，还有部分品牌强调"亲和人体"。在一些电商平台上，有婴幼儿奶粉品牌在广告宣传中使用了"进口奶源""纯正接近母乳"等表述。

数名宝妈表示，她们并不清楚哪些营养元素具有益智或提高免疫力的作用，但是包装上有些功能性表述以及"源自国外牧场"等字眼确实有一定的诱惑力。高、低端奶粉的差异到底有多大？以益智或提高抵抗力等表述为例，这些奶粉是否真的具有上述功能呢？高级乳业分析师、中国农垦乳业联盟产业经济专家组组长宋亮在接受记者采访时指出：不同婴幼儿奶粉的功能性差异不是很大。目前中国关于婴幼儿奶粉的研究还不完善，有些企业添加一些营养元素就称有益智功能，而这些90%以上都是夸大宣传。

"婴幼儿乳粉配方主要参考国际标准，各国根据国情进行了微调，"奶业专家王丁棉说。在奶粉的营养成分和含量方面，国际标准给出了上下浮动空间，但各国配方大同小异，所谓高端奶粉和低端奶粉的差异也不大。

💬 【说一说】

购买商品时你是如何识别、了解商品信息的？你认为商品包装标志是否影响消费者对商品质量的判断？

_____

_____

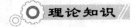 理论知识

一、销售包装的概念

销售包装又称内包装或小包装，是直接接触商品并随商品进入零售网点和消费者或用户直接见面的包装。

成功的销售包装应具备的条件：能保护商品，延长货物寿命；能方便消费者使用；有独特的个性和吸引力；符合销售国的法令；成本经济合理；减少或不造成环境污染；白纸板是销售包装的主要材料。

二、销售包装标志

（一）销售包装标志的概念

销售包装标志是指附带在商品销售包装容器上的文字、符号、图形、附签以及其他一切传递商品信息的附属物。

销售包装标志是商品经营者传递商品信息、促进商品销售的重要手段，也是帮助消费者选购商品、储存和消费商品的指示说明。因此，人们常把销售包装标志称作"沉默的推销员"。

（二）销售包装标志的内容

1. 国产商品销售包装标志的内容

一般来说，商品的销售包装标签的基本内容应该包括商品名称、生产者的名称和地址、原产地、商标（品牌）、规格、内装商品数量（定量包装商品必须标注净含量）、商品标准号、商品质量检验合格证、商品质量认证标志等。对已获准注册商标或生产许可证的商品、获得商品条码的商品、获准质量认证的商品，还需分别标明相应的标记或标志。

根据国家标准规定，食品商品的销售包装标志上还必须标明下列事项：名称、规格、净含量、生产日期；成分或者配料表；生产者的名称、地址、联系方式；保质期；产品标准代号；储存条件；所使用的食品添加剂在国家标准中的通用名称；生产许可证编号；法律、法规或者食品安全标准规定必须标明的其他事项。

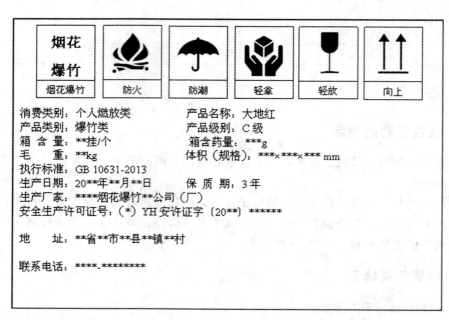

2. 进口商品的销售包装标志的内容

从国外进口的一般商品，必须用中文在其每个小包装上标注商品名称、原产地的国名和地方名称以及中国进口商（代理商或销售商）在中国依法登记注册的名称（全称）和详细地址。

如果进口的商品关系到人身财产安全，则对其销售包装标签的内容还有更详细的规定，如家用电器商品在每个小包装上必须有中文说明。列入《出入境检验检疫机构实施检验检疫的进出境商品目录》的进口商品必须有合法粘贴的"CCC"认证标志，进口化妆品的销售小包装上必须贴有 CIQ 中国检验检疫合格标志。

⚙ 【议一议】

今年暑假，小刘在重庆某百货商场消费 588 元购得 1 瓶某品牌进口化妆品商品，内外包装均无中文标识。售货员称此商品为纯进口商品，所以没有中文标识。请你帮助小刘分析并判断此商品的销售包装标志使用是否规范，并说明理由。

_____

_____

_____

三、商品商标

（一）商品商标的概念

商品商标是指商品的生产经营者或服务的提供者为了将自己生产经营的商品或提供的服务与他人区别开来，而使用的文字、图形、数字或组合标志。

（二）商品商标的构成

作为识别商品或服务来源的标记，商品商标的本质特点在于其区别性。我国《商标法》规定："任何能够将自然人、法人或者其他组织的商品与他人的商品区别开的可视性标志，包括文字、图形、字母、数字、三维标志和颜色组合以及上述要素的组合，均可作为商标申请注册。"

（三）商品商标的种类

1. 文字商标

指仅以文字构成的商标。文字可以为汉字、少数民族文字、字母或外国文字等。

2. 图形商标

指仅用几何图形或图案构成的商标。图形商标可以是某种图案、记号、符号等抽象图形，也可以是人物、动植物、自然风景等具体形象的图形。

3. 数字商标

指由阿拉伯数字、中文大写数字或者罗马数字构成的商标。

4. 组合商标

指由文字、图形、字母、数字、颜色等要素中任何两种或两种以上的要素组合而成的商标。这种商标综合了文字商标、图形商标、颜色商标或数字商标的不同特点，所以得到了普遍而广泛的使用。

四、销售包装设计

（一）包装文字

包装文字是销售包装中最重要的信息载体，是传递商品信息最直接的表达方式。包装上的文字分为主体文字和说明文字。

主体文字一般显示在包装的正面，包括商品品牌、商标、商品名称、广告词等重要宣传信息。主体文字的设计对美感度要求比较高，对文字和字体的选择、字体的大小、位置、色彩、明暗度等方面都需要进行美化设计，凸显出更加具有冲击力的视觉效果，进而吸引消费群体。

说明文字一般显示在包装正面以外的其他位置，包括商品的规格、品种、成分、产地、用途、使用方法、生产日期、保质期、注意事项等信息。说明文字一般不进行美化加工，要求字体端正规范、易于阅读，具有宣传商品、指导消费的作用。

（二）包装图案

包装图案是包装上能够吸引消费者的最佳视觉表现形式，一般可采取照片、绘画、装饰纹样、浮雕等形式进行表达。图案的设计要求与企业及商品具有超强的关联度，能够起到宣传商品的作用。

（三）包装色彩

色彩是包装中最富有吸引力和诱惑力的无声语言，也是消费者感知商品重要的无声载体。包装色彩的选择必须与企业的整体理念和商品特性紧密相连，一般会选取1—2种颜色作为主体颜色，其他颜色作为辅色，通过颜色的合理搭配优化给消费者带来剧烈的视觉冲击感，从而提升企业和商品在消费者心中的认知度。

通过视觉研究实验发现：消费者对物体的感觉首先是色，其次才是形。一般在初次接触商品的20秒内，人的色感占80%，形感占20%；20秒至3分钟内，色感为60%，形感为40%；5分钟内，色感与形感各占50%。

（四）各种标识性图文符号

商品销售包装是消费者了解商品信息最重要的信息载体，也需要对商品品牌度、身份、身价、质量、国家认可程度等重要信息进行宣传，这些图文符号是象征企业地位的标志性符号，主要包括商标、商品条形码、二维码、合格认证标志（QS标志、CCC标志）、商检标志、环保标志等。

实训项目 5.3：销售包装实训

小组任务

根据不同销售包装进行包装要素分析

1. 活动形式：小组参与集体讨论。
2. 活动时间：45 分钟。
3. 活动目的：加深学生对销售包装标志的认识；增强学生的自主分析能力及团队合作意识。
4. 活动步骤。

步骤一：小组收集商品包装，辨别商品商标。

商品商标辨别表

商品名称	商标名称	选项（在需要的选项处打✓）			
		文字商标	图形商标	数字商标	组合商标
		文字商标	图形商标	数字商标	组合商标
		文字商标	图形商标	数字商标	组合商标
		文字商标	图形商标	数字商标	组合商标
		文字商标	图形商标	数字商标	组合商标

步骤二：小组对以下商品包装进行具体分析。

商品包装	主体文字	说明文字	图案	颜色	标识性符号
可口可乐					
百事可乐					
德芙巧克力					
果粒橙					

步骤三：小组商标包装设计，设计要求：

（1）各组自主选择一种商品进行包装设计；

（2）包装材料选择符合商品实际；

（3）包装设计内容包括文字、图案、色彩、造型、标志性符号等；

（4）主题明确，设计符合商品特征，寓意鲜明。

 **小组评价**

小组综合评价表

组　　别	评价内容及分值					
	组内学生分工明确（20分）	组内学生参与程度（20分）	包装分析明晰准确（20分）	包装设计内涵丰富（20分）	小组创新（20分）	总　　分（100分）
第1组						
第2组						
第3组						
第4组						
第5组						
第6组						
第7组						
第8组						
总评价						
备　注						

项　目　六

商品储运

香蕉是热带水果，难以长期贮藏，那么如何科学地贮藏才能让世界各地的消费者随时随地吃上新鲜的香蕉呢？

香蕉主要有以下 3 种贮藏方法：

1. 低温贮藏

经过预冷后的香蕉可进行冷藏。冷藏能降低香蕉的呼吸强度，推迟呼吸跃变期，减少乙烯生成量，延缓后熟过程。但香蕉对低温十分敏感，多数品种在 11 ℃以下易遭受冷害，冷藏贮藏温度以 12—14 ℃（短期贮藏可用 11 ℃）为宜，湿度以 85%—95% 为宜，并注意通风换气，以排除自身产生的乙烯，防止自然催熟。

2. 气调贮藏

气调贮藏是国际上比较先进的一种果蔬贮藏方法，其主要原理就是通过改变贮藏环境的气体成分来达到延长果蔬贮藏期的目的。气调贮藏一般要与低温贮藏、药物处理等措施相配合，其效果较单独的低温贮藏好。根据方式的不同，气调贮藏可以分为控制气调贮藏（CA 贮藏）和自发气调贮藏（MA 贮藏）两种。

3. 常温贮藏

香蕉每年的产量很大，其要求的贮藏适温为 11—14 ℃，这与产地冬季的平均气温很接近，因此，在秋末冬初时香蕉一般都采用常温贮藏。常温贮藏也要注意温度的影响，冬季的低温或夏季的高温会造成香蕉冷害或青皮熟。我国香蕉产地冬季的温度不会太低，在做了简单防寒措施的情况下，通常利用冬季常温贮藏的香蕉的贮期可达 2—3 个月。这时正是香蕉生产的淡季，把秋末的香蕉贮藏一部分，在淡季时供应，不但调节了市场，还能提高经济价值。在高温的夏季，不但温度过高容易引起香蕉的青皮熟，而且正值生产的旺季，没有必要做较长期的贮藏。假如需要，在包装内放入适量的乙烯吸收剂，存放在室内较阴凉处，一般也可贮藏 15—20 天。

【想一想】

1. 为什么香蕉难以贮藏？

2. 你认为在家中如何保存香蕉更合适？

_____

_____

3. 你认为我们日常从超市购买的香蕉是通过哪种方式运输到市场上的？

_____

_____

任务一　商品储存法

任务目标

知识目标：认识商品储存的概念及作用。

技能目标：熟悉商品储存管理，能将商品储存知识运用到实践中。

素养目标：提升学生的理论应用能力，增强学生的团队协作能力及表达能力。

理论知识

一、商品储存概念

商品储存指商品在生产、流通领域中暂时停留和存放的过程，是保证商品流通及再生产过程的需要。

商品储存是商品流通过程中的关键环节，是保证市场供需、调节市场供求、满足消费者需求的必要条件。商品储存的好坏直接影响着商品质量的优劣及其使用价值。

二、商品储存的作用

（一）商品储存可协调商品生产和销售时间的矛盾

在现实市场中，商品生产和销售的时间并不总是平行进行的，它们都有着各自特定的活动周期。

商品的生产和消费有时会处于不同的时间轨道上，有的商品是常年生产，季节性消费；有的商品是季节性生产，常年消费；有的商品是季节性生产，季节性消费；有的商品是常年生产，常年消费。比如，农作物的生产具有特定的季节性，而农作物的消费是常年的；奶制品与手机的生产是常年的，消费也是常年的；羽绒服的生产是常年的，消费是季节性的。

（二）商品储存可协调商品生产和销售地域的矛盾

商品的生产和销售并不是局限于一个区域的经济活动，而常常是跨区域的异地经济活动。因此，异地生产的商品必须经过储存和运输才能成功地将商品由生产地储运到销售地，尤其是对一些具有区域生产特性的商品，如香蕉、椰子、荔枝等。此外，随着网购的全球市场化趋势，不同国家之间的特色商品也必须经过科学储运才能实现最大化的市场价值。

（三）商品储存可以降低商品价格的波动

很多商品的生产和消费都具有极强的季节性，通过对商品储存时间的调整可有效调节商品生产和需求之间的价格平衡，不会让商品价格在"物以稀为贵"的市场环境中发生剧烈的变化。对于日常商品来说，随着市场供需的变化进行适当的安全储存有利于保证生产的平稳进行和销售的有序推进。同时，商品储存是对抗交通堵塞、天气变化、突发意外事件等问题的重要应急手段。

⊙【想一想】以下现象能够表现出商品储存的哪种作用？

1．北方消费者可以购买到广西果农种植的香蕉。

_____

_____

2．冬天时消费者在超市能够购买到大米。

_____

_____

3．春、夏、秋、冬四个季节，超市所售牛奶的价格比较稳定。

_____

_____

三、商品储存管理

商品在储存过程中可能发生各种质量变化，根本原因在于商品本身的组成成分和性质在一定的时空及温度条件下会发生物理变化和化学变化。因此，我们必须结合"预防为主，防治结合"的工作方针加强对商品库房储存的质量管理，做好商品入库、在库和出库基本环节的管理工作。

（一）商品入库管理

商品入库管理主要包括入库验收、分区货位管理、商品堆码。

1．入库验收

商品的入库验收是对商品质量进行的一次严格检查，是决定商品质量保存效果的重要环节。

（1）检验单货是否相符。商品入库时应首先清点商品数量大数，之后检查单据上所列的产地、货号、品名、规格、数量、单价等与商品原包装标签上的内容是否一致，任何一项不符均不得入库。

（2）检验包装是否相符。在清点商品数量的同时，需要检查包装是否存在污损、受潮、水湿、残破、残缺、拆封、印刷不清晰等问题。

（3）检验商品质量是否合格。商品验收时还需要随机开箱进行商品质量检查，查看商品是否存在生霉、锈蚀、溶化、虫蛀、鼠咬及其他物理变化或化学变化。若检验不合格，则必须及时处理或销售，不得再入库。

2. 分区货位管理

商品在验收成功需要入库时需要对其进行分区分类，以安全、方便、节约为原则，一般可以按照商品种类、发往区域、危险系数进行科学分类。分区分类保管是对仓库商品的合理布局，货位选择则是指在分区管理的基础上具体选择商品的储存点。货位的选择必须遵循商品安全、方便吞吐发运、利于节约库存的原则。同时，根据不同商品的特性，还必须考虑温度、湿度、风吹、日晒、光照等方面对商品储存的影响。例如，怕潮、易霉、易锈的商品适合选择干燥密封的货位，怕光、怕热、易溶的商品适合选择低湿干燥的货位。

⬡【议一议】

请对以下商品进行分区货位管理：

酒精　香水　食糖　香蕉　巧克力　冷冻肉　面粉　饼干

玻璃　陶瓷　服装　食盐　西红柿　花露水　雪糕　茶叶

（1）以上商品可以放到仓库一个区位的组合有哪些？说明理由。

_____

_____

（2）以上商品绝对不能放到仓库一个区位的组合有哪些？说明理由。

_____

_____

3. 商品堆码

商品堆码指商品的堆放形式和方法，是根据商品的性能特征、数量和包装状况，结合库房条件、储存期限、储存季节等因素，科学选择最适宜的堆码方式、高度及距离。合理堆码应符合安全、方便、多储的原则。

货堆的层高取决于商品包装容许的层数、库房地坪负重的范围、库房高度等因素。货堆与墙壁之间的必要距离一般规定为：库房外墙 0.3—0.5 米，内墙 0.1—0.2 米；货场间距离不分内外，一般为 0.8—3 米。顶距一般规定为：平房 0.2—0.5 米；多层建筑库房底层和中层 0.2—0.5 米，顶层不低于 0.5 米，灯距不小于 0.5 米。垛底距地面距离一般在 0.3—0.5 米，以便于垛下通风散热。底层库房、货棚堆垛时一定要垫底，并用苇席、油毡或塑料薄膜等铺垫隔潮。

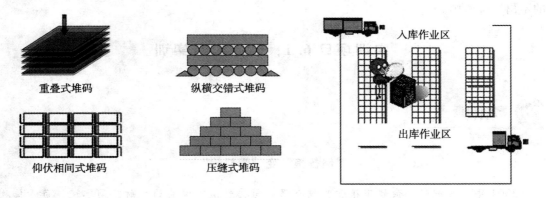

重叠式堆码　　纵横交错式堆码

仰伏相间式堆码　　压缝式堆码

入库作业区

出库作业区

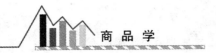

（二）商品在库管理

1. 环境卫生管理

储存环境不卫生会引起微生物、害虫、鼠类的滋生和繁殖等问题，还会造成商品被灰尘、油污、垃圾玷污，进而会严重影响商品质量。因此，仓储管理人员需要经常对库内进行彻底清扫，库外要达到杂草、污水、垃圾三不留，必要时可使用药剂消毒杀菌、灭虫灭鼠，以确保商品质量安全。

2. 商品在库检查

商品在储存期间，因商品特性的差异性，不同的商品可能会发生不同的质量变化，如霉变、腐烂、老化等，如不及时发现处理会造成严重损失。因此，仓库管理员需要对在库商品进行定期和不定期检查，并根据商品特性及变化规律，结合季节、储存环境和时间等因素及时调整检查时间和方法。

此外，商品在库检查还必须实施安全检查，需要对库房的消防设备状态、仪表设备运行情况、卫生情况进行检查，做好防虫、防火、防霉等工作。

3. 仓库温湿度管理

商品储运期间，空气温湿度对商品质量的影响非常明显，因此，必须根据商品的特性、质量变化规律及本地区气候情况加强库内温湿度的管理。调节和控制仓库温湿度的常用方法有密封、通风、吸湿加湿、升温降温等。

◎【知识拓展】

在德国，食品、农产品的保鲜非常讲究科学性和合理性。无论是肉类、鱼类，还是蔬菜、水果，从产地或加工厂到销售点，只要进入流通领域，这些食品就始终在一个符合产品保质要求的冷藏链的通道中运行。而且这些保鲜通道都是由电脑控制的全自动设备，如冷藏保鲜库全部采用风冷式，风机在电脑的控制下调节库温，能让叶菜类在这种冷藏环境中存放 2—5 天。

（三）商品出库管理

商品出库是仓储业务的最后阶段，必须有业务部门开具齐备的提货单，必须做到单随货行、"单""货"数量当面点清、商品质量当面检验。出库的商品一般应遵循"先产先出""易坏先出""接近失效期先出""质量不合格、包装不牢固及内有破损、标记不清楚的不出"等原则。

实训项目 6.1：商品储存实训

 **案例阅读**

"储备粮"变"饲料粮"

2004 年 3 月中旬，余姚市粮食收储有限公司接受该市贸易局、财政局委托，负责接收周转储备粮，共计接收东北粳谷储备粮 842 吨。在储备粮接收和入仓过程中，相关负责人在未掌握各仓库入仓数量的情况下盲目发货，致使仓库超容量存放。同时，某些管理人员未将已化验出的水分数据告知仓库，致使仓库将不同水分的粮食混杂堆放。

2004 年 8 月 19 日、9 月 8 日，相关人员明知所保管的东北粳谷储备粮抽样化验黄粒米严重超标、粮质下降，在向市贸易局、财政局分别要求轮换、拍卖的两份请示报告中却未写明。仓库负责人明知该情况，却不指出并予以纠正，致使该批储备粮粮质继续下降。

经浙江省粮油产品质量站检验，该批东北粳谷储备粮被判定为陈化粮。后来，余姚市粮食收储有限公司只好将其中 3770 余吨按饲料粮销售给某饲料有限公司，直接经济损失达 131.5 万元。

小组任务

1. 活动形式：小组参与集体讨论。
2. 活动时间：45 分钟。
3. 活动目的：加深学生对商品储存知识的认知，提升小组的团队协调能力及分析问题的能力。
4. 活动步骤。

步骤一：为什么要对粮食进行储存？请结合商品储存的作用进行具体分析。

_____

_____

_____

步骤二：你认为造成"储备粮"变"饲料粮"的原因是什么？

_____

_____

_____

_____

步骤三：请针对"储备粮"变"饲料粮"案例进行真实的粮食储存管理。

1. 入库管理

"入库管理"任务单	
商品接收负责人	
商品接收时间	
商品接收地点	
商品接收数量	
商品验收应注意的问题	

接收中应注意的问题	
接收商品质量	

2．在库管理

"在库管理"任务单	
商品在库管理负责人	
商品在库管理时间	
商品在库管理地点	
商品在库管理数量	
环境卫生管理	
商品在库检查	
仓库温湿度管理	

3．出库管理

"出库管理"任务单	
商品出库管理负责人	
商品出库时间	
商品出库地点	
商品出库数量	
商品出库原则	
商品出库存在的问题	

小组评价

小组综合评价表

组　别	评价内容及分值					
	组内学生分工明确（20分）	组内学生参与程度（20分）	案例分析明晰透彻（20分）	商品库存管理有效（20分）	小组创新（20分）	总　分（100分）
第1组						
第2组						

组　别	评价内容及分值					
	组内学生分工明确（20分）	组内学生参与程度（20分）	案例分析明晰透彻（20分）	商品库存管理有效（20分）	小组创新（20分）	总　分（100分）
第3组						
第4组						
第5组						
第6组						
第7组						
第8组						
总评价						
备　注						

任务二　商品养护

任务目标

知识目标：知道常见的防霉腐、防治虫害、防锈蚀、防老化等商品基本养护方法。

技能目标：能根据商品特性选择合适的商品养护方法。

素养目标：提升学生的理论应用水平，增强学生的团队协作能力及表达能力。

案例分析

人们所熟悉的烟酒、糖茶、服装鞋帽等，有的怕潮、怕冻、怕热，还有的易燃、易爆。影响储存商品质量变化的因素有很多，其中一个重要的因素是空气的温度。有的商品怕热，如蜡等，如果储存温度超过要求（30—35 ℃）就会发黏、熔化或变质。有的商品怕冻，如医药针剂、水果等，它们会因库存温度过低而冻结、沉淀或失效。例如，苹果贮藏在1 ℃比在4—5 ℃贮藏时寿命要延长一倍，但贮藏温度过低，可引起果实冻结或生理失调，也会缩短贮藏寿命。

⊛【想一想】

1. 日常生活中还有哪些商品质量会受到温度的影响？

2. 商品质量除了受温度因素影响外，还会受到哪些因素影响？

3. 仓库中苹果的养护需要注意哪些方面因素的影响？

◎ 理论知识

由于商品自身的物理、化学、生理、生化和微生物的性质的变化及各种外界环境因素的影响，商品在储运过程中会发生变质和损耗，使得商品的质量受到严重影响。因此，如何在商品储运过程中进行科学养护成为商品储运过程中的重要环节。

一、防霉腐的方法

商品的成分结构会使商品在某些霉腐微生物的作用下发生生霉、腐烂或腐败的现象。因此，商品的防霉腐工作必须根据微生物的生理特性采取适宜的防霉腐措施进行。

（一）药剂防霉腐

药剂防霉腐指利用化学药剂使霉腐微生物的细胞和新陈代谢活动受到破坏和抑制，进而达到杀菌或抑菌、防止商品霉腐的目的。防腐剂的选用应考虑低毒、高效、无副作用、价格低廉、无污染的原则。常用的工业防霉腐药剂有三氯酸钠、水杨酸苯胺、多菌灵、福尔马林等，常用于纺织品、鞋帽、皮革、纸张等制品；常用的食品防霉腐药剂有苯甲酸及其钠盐、山梨酸及其钾盐等，常用于糕点、汽水、罐头等商品。

（二）气相防霉腐

气相防霉腐指通过药剂挥发出来的气体渗透到商品中，杀死霉菌或抑制其生长和繁殖的方法。常用的气相防霉剂有环氧乙烯、甲醛、多聚甲醛、环氧乙烷等。一般气相防霉剂与密封仓库、大型塑料膜罩和其他密封包装配合使用，主要应用于皮革制品等日用工业品的防霉，在使用过程中要特别注意安全，严防毒气对人体造成伤害。

（三）气调防霉腐

气调防霉腐指根据好氧性微生物需氧化代谢的特性，通过调节密封环境（如气调库、商品包装等）中气体的组成成分，降低氧气浓度来抑制霉腐微生物的生理活动、酶的活性和鲜活食品的呼吸强度，进而达到防霉腐和保鲜的目的。

气调防霉腐有两种方法，包括自发气调和机械气调。自发气调是依靠鲜活食品本身呼吸作用释放的二氧化碳来降低塑料薄膜罩内的氧气含量进行气调的方法。机械气调是将塑料薄膜罩内的空气抽至一定的真空度，然后冲入氮气或二氧化碳进行气调的方法。根据科学研究，当塑料薄膜罩内二氧化碳的浓度达到50％时，对霉腐微生物会产生强烈的抑制和杀灭作用。气调防霉腐法广泛应用于水果、蔬菜、粮食、油料、肉制品、鲜蛋等多种食品的保鲜。

（四）低温防霉腐

低温防霉腐指利用降低温度来抑制霉腐微生物繁殖和酶的活性进而实现防霉腐的目的。低温防霉腐通过降低鲜活食品的生理活动及生物变化，利于较好地保持食品原有的色、香、味及营养价值。

按照储藏温度的差异性，低温防霉腐可分为冷却法和冷冻法。冷却法又称冷藏法，储运温度控制在 0—10 ℃，适用于不耐冰冻的商品，尤其是水分含量大的生鲜食品和短期储存的食品。冷冻法是在短时间内先将温度降至 −30 ℃——25 ℃，当商品深层温度达到 −10 ℃左右时再移至 −18 ℃左右的温度储存。冷冻法适合于长期存放或远距离运输的生鲜动物性食品。

（五）干燥防霉腐

干燥防霉腐指通过干燥或脱水的方法降低商品的含水量，使其水分含量在安全储运水分之下，进而抑制霉腐微生物的生命活动。这种方法可以较长时间保持商品质量，且商品成分的化学变化也较小。

干燥防霉腐按照脱水方法的不同可分为自然干燥法和人工干燥法。自然干燥法是利用自然界的能量，如日晒、风吹、阴凉等方法降低商品水分，适用于粮食、干果、干菜、粉类制品等。人工干燥法是在热风、真空、冷冻、远红外线和微波等人工控制的环境条件下对商品进行脱水干燥的方法，此方法因使用设备而具有费用高、耗能大的特点。

（六）辐射防霉腐

辐射防霉腐指利用放射性同位素（钴-60 或铯-137）产生的 γ 射线辐射状照射商品，进而杀死商品上的微生物和害虫的方法。γ 射线是一种波长极短的电磁波，能穿透数米厚的固体物，能杀死商品上的微生物和害虫，破坏商品内部酶的活性，抑制蔬菜、水果的发芽或后熟，而对商品本身的营养价值并无明显影响。根据食品品种和储藏目的的不同，辐射防霉腐一般可分为小剂量照射、中剂量照射和大剂量照射三种。

1. 小剂量照射：平均照射剂量一般在 1 千戈瑞以下，主要用于抑制马铃薯、洋葱的发芽，杀死昆虫和肉类的病原寄生虫，延缓鲜活食品的后熟等。

2. 中剂量照射：平均照射剂量范围在 1—10 千戈瑞，主要用于肉类、鱼类、水产、粮食、水果、蔬菜等食品的杀菌，对致病菌、害虫的灭杀力较强。

3. 大剂量照射：平均照射剂量范围在 10—50 千戈瑞，主要用于冷冻鱼类、贝类、肉类的长期储存，可彻底灭杀微生物及害虫。

二、防治虫害的方法

储运中害虫的防治工作要贯彻"以防为主，防治结合"的工作原则。仓库中一旦发生害虫，蔓延速度非常快，会给商品带来巨大的损失，因此，必须加强商品储运过程中的害虫防治，可采取化学、物理、生理等方法抑制或消除害虫的滋生。

（一）化学防治法

化学防治法指利用化学药剂直接或间接防治害虫的方法。化学防治法的优点是快速、彻底、高效，缺点是污染环境、对人体有害、易损坏商品。化学防治法在粮食及其他食品

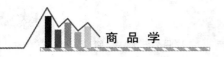

中应限制使用。

化学防治法在具体实施过程中，应具体分析害虫、药剂、环境、商品四者之间的关系，选择低毒、高效、低残留且对环境污染小的药剂。根据杀虫方式的差异性，化学防治法可分为胃毒杀虫法、触杀杀虫法、熏蒸杀虫法和驱避杀虫法。

（二）物理防治法

物理防治法指利用各种物理因素（如热、光、射线等）破坏储运商品上害虫的生理活动和机体机构，使其不能生存或繁殖的方法。常见的物理防治法有高温或低温杀虫法、射线照射杀虫法、气调杀虫法、远红外线辐射杀虫法、微波杀虫法、高频介质电热杀虫法、黑光灯诱杀法等。

（三）生物防治法

生物防治法指利用害虫的天敌（寄生物、捕食者、病原微生物）以及利用昆虫激素类似物来消灭害虫、诱集害虫或干扰成虫的繁殖等来防治害虫的方法。这种方法可有效避免杀虫剂对商品的破坏性和对环境的污染问题，是一种具有发展前途的杀虫方法。现今，科学界在不断探索自然界存在且对农作物病虫害具有抑制作用的生物活性天然物质及抑制各种病虫害的病原微生物，通过以生物群治生物群的方式达到防治病虫害的目的。因此，使用生物农药杀虫已经成为更有效、无化学品污染的防治病虫害新理念。

三、防锈蚀的方法

金属商品的电化学锈蚀会造成商品的巨大损失，如何做好金属商品的防锈蚀工作异常重要。金属商品的电化学锈蚀会受到金属本身的电位高低、成分结构的不均匀性及金属表面电解液膜的影响。在生产部门，一般采用的方法是在金属商品表面涂上保护层，如电镀、喷漆等，将金属与促使金属腐蚀的外界环境因素隔离开来，从而达到防锈蚀的目的。金属商品在储存过程中，一般采取涂油防锈、气相防锈、可剥性塑料封存防锈。

（一）涂油防锈

涂油防锈指在金属表面涂覆一层油脂薄膜，在一定程度上使大气中的氧气、水分以及其他有害气体与金属表面隔离，从而达到防止或减缓金属制品的锈蚀。涂油防锈是一种简便有效的防腐方法，但是仅仅适用于短期，因为随着时间的推移，防锈油会逐渐消耗或变质，金属商品就又会陷入锈蚀的风险。常见的防锈油有软膜防锈油、硬膜防锈油和油膜防锈油。除防锈油外，凡士林、黄蜡油、机油等也常被用作防锈油脂。

（二）气相防锈

气相防锈指利用挥发性气相防锈剂在金属制品周围挥发出缓蚀气体，来阻隔空气中的氧、水分等有害因素的腐蚀作用，从而达到防锈蚀的目的。气相防锈是一种较新的防锈方法，具有使用方便、防锈期长、使用范围广泛、污染性小等优点，一般适用于机构复杂或带有孔缝、不易为其他防锈涂层所保护的金属制品及仪表仪器。常用的气相防锈剂有亚硝酸二环乙胺、肉桂酸、福尔马林（甲醛）等。

（三）可剥性塑料封存防锈

可剥性塑料是以高分子合成树脂为基础原料，加入矿物质、增塑剂、防锈剂、稳定剂以及防腐剂等加热溶解后制成的。这种塑料液喷涂于金属制品表面，能形成可以剥落的一层特殊塑料薄膜，就像给金属制品穿上一件密不透风的外衣，具有阻隔腐蚀介质的作用。常用的可剥性塑料有乙基纤维素、醋酸丁酸纤维素、聚氯乙烯树脂等。

四、防老化的方法

防老化指根据高分子材料性能的变化规律，采取各种有效措施以减缓其老化速度，提高材料的抗老化性能，延长其使用寿命。影响高分子材料老化应从内因和外因两个方面着手。

（一）提高商品本身的抗老化作用（内因）

影响高分子材料老化的内因主要有材料内部结构、成分、杂质、加工环境等。因此，高分子材料常用的防老化措施主要有材料改性、去除杂质、添加防老剂、增加物理防护等。

其中，添加防老化剂是常用又有效的一种方法，能用较少的防老化剂提升数倍乃至数千倍的耐老化性能。常见的防老化剂有抗氧剂、紫外线吸收剂、热稳定剂等。

（二）控制储运中引起老化的因素（外因）

影响高分子材料老化的外因主要有温度、湿度、阳光、氧气（尤其是臭氧）、昆虫排泄物等。根据影响商品老化的外因，一般采用加强仓库温湿度管理、根据商品特性合理堆码、保持包装清洁完整、加强商品的入库验收等方式进行商品养护。

实训项目6.2：商品养护实训

 **案例阅读**

运输的力量

很多人都喜欢吃甘蔗。近日，一则来自天涯社区的求助帖引发广泛关注。网友在帖子中称："我姐姐姐夫吃甘蔗中毒，现在姐夫成了植物人，姐姐的情况也不是很好，多次医治无果，恳请哪位知道好的医院，请告知。"

吃甘蔗也会中毒？记者就此展开求证，结果发现甘蔗本身没问题，但发霉的甘蔗确实能引起中毒。而且，春季是甘蔗霉变的高发期，民间甚至有"清明蔗，毒过蛇"的说法。

专业医生鉴定发霉甘蔗会产生"节菱孢霉菌"，"节菱孢霉菌"产生"三硝基丙酸"，被人食用后最终导致丙酸中毒。中毒的症状就像羊角风发病一样，最初症状为呕吐、头晕、阵发性抽搐、四肢强直，严重者会出现昏迷、呼吸衰竭。

据了解，我国每年年初（2—4月）都有食用甘蔗中毒的情况发生，甚至出现中毒死亡的情况。卫生部曾发布食品安全预警公告，提醒各地加强辖区内甘蔗储存及养护的监管。

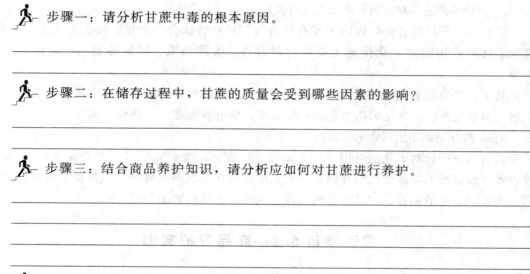

小组任务

1. 活动形式：小组参与集体讨论与分析。

2. 活动时间：45分钟。

3. 活动目的：加深学生对商品养护知识的认识；提升小组分析问题、解决问题的能力及团队协调能力。

4. 活动步骤：

🏃 步骤一：请分析甘蔗中毒的根本原因。

_____

_____

🏃 步骤二：在储存过程中，甘蔗的质量会受到哪些因素的影响？

_____

_____

🏃 步骤三：结合商品养护知识，请分析应如何对甘蔗进行养护。

_____

_____

_____

🏃 步骤四：案例分析。

6月份、7月份是吃荔枝的好季节。很多消费者都有共同的发现：颜色鲜亮、外观好看的荔枝随处可见，价格10元、15元不等。为了保鲜，有些摊主往荔枝上喷水，更有甚者往荔枝上喷洒稀释过的硫酸。合肥市的余女士在购买荔枝时就遇到过这种情况：买的时候，荔枝浸泡在盛有一种黄色水的盒中，看上去又大又红，特别新鲜，可回家后剥开一个品尝，却完全没有荔枝的香甜味道，反而是一股酸味，又吃了几个，结果都是一个味，还有一股药味，喉咙还有些痒，感觉很不舒服。当地记者来到附近的几家社区超市，发现有的超市将荔枝摆放在冰块上面，进行低温保鲜，而有的超市则将荔枝用药水浸泡，这样荔枝看上去特别新鲜，大概能保存两三天。请结合商品学的知识思考一下：荔枝应如何进行存储与商品养护？

_____

_____

_____

_____

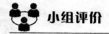 **小组评价**

小组综合评价表

组 别	评价内容及分值					
	组内学生分工 明确（20分）	组内学生参与 程度（20分）	案例分析层次 明晰（20分）	商品养护方案 合理（20分）	小组创新 （20分）	总 分 （100分）
第1组						
第2组						
第3组						
第4组						
第5组						
第6组						
第7组						
第8组						
总评价						
备 注						

任务三　商品运输

任务目标

知识目标：认识常见的商品运输方式及运输原则。

技能目标：能根据商品特性选择合适的商品运输方式。

素养目标：锻炼学生的自学分析能力，提升学生的理论应用水平，增强学生的团队协

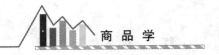

作能力及表达能力。

■ 【趣味思考】

在人类社会发展的历史进程中，人们都采取过哪些方式进行货物运输？

_____

_____

交通运输工具的发展

手提肩扛

航空运输

铁路运输

公路运输

牲畜驮运

水路运输

◎ 理论知识

一、商品运输方式

商品运输指商品借助于各种动力在地区之间进行的位置转移，是生产过程在流通领域的继续，是商品流通过程中的重要环节。商品运输有五种基本方式，即铁路运输、公路运输、水路运输、航空运输和管道运输。

（一）铁路运输

铁路运输是指利用机车、车辆等技术沿途铺设轨道，利用铁路列车运送货物的一种方式。这是一种重要的现代陆地运输方式，适合长距离大批量运输，其经济里程一般在200千米以上。

铁路运输具有运输能力大、能耗小、成本低、安全性能高、运输速度快、环境污染程度小等优点。同时，铁路运输又具有基本建设投资大且周期长、运输灵活性差（只能在固定线路上实现运输）、需要与其他运输手段配合和衔接的缺点。

【知识拓展】

中国主要铁路分布图

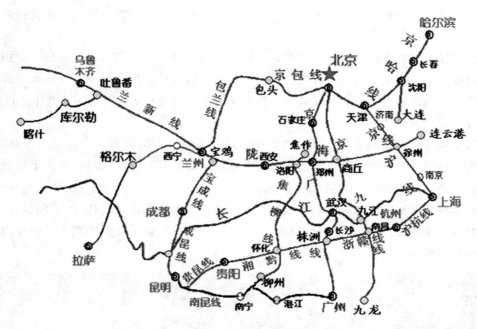

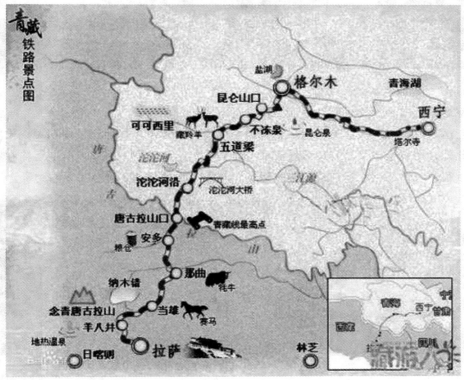

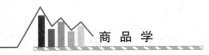

注：青藏铁路于 2006 年 7 月 1 日全线通车，是世界上海拔最高、线路最长的高原铁路，全长 1956 公里。

（二）公路运输

公路运输是指货物借助一定的运载工具，利用各种类型汽车在公路上运送货物的一种方式。

公路运输具有机动灵活、适应性强、运输速度快、可实现"门到门"运输、货损货差小、原始投资少、资金周转快等优点。同时，公路运输因单次运载量小、单位运输成本较高而适合中短途运输，不适合长途运输。公路运输的经济里程半径一般在 200 千米以内。

（三）水路运输

水路运输是以船舶为主要运输工具，以港口或港站为运输基地，以水域（海洋、河、湖等）为运输活动范围的一种货物运输方式。水路运输按其航行的区域，大体上可划分为远洋运输、沿海运输和内河运输三种类型。

水路运输具有运输能力大、运输成本低、资源消耗少、投资小等优点。同时，水路运输也具有运输速度慢、受自然环境（港口、水位、季节、气候等）影响较大、一年内中断运输时间长的弊端。

（四）航空运输

航空运输是指利用飞机或其他航空器进行运输的一种方式。

航空运输具有速度快、灵活性强、破损率低、安全性好、基础建设周期短、投资少等优点。此外，航空运输又具有运载量有限、运输成本高的缺点。因此，航空运输在物流中占的比重很小，主要用于运载价值高、运费承担能力强的货物及紧急需要的物资。

● 【知识拓展】

常见交通工具时速

飞机时速 400—1000 千米

火车时速 80—200 千米

汽车时速 40—120 千米

轮船时速 30—40 千米

（五）管道运输

管道运输是利用各种管道进行运输货物的一种方式，一般用于气态、液态以及粉粒状商品的运输。管道运输具有占地面积少、运输效率高、运输安全性好、对运输技术要求高等特点。常采用管道运输的为煤气、自来水、地暖、矿石粉等气态、液态或粉粒状商品。

● 【议一议】

广州的一位特殊病患者急需输入一种特别血型的血，而该市血库中暂时没有，经联系在北京的一家医院找到该血型的血。你认为此时宜选用的最佳运输工具是什么？请从货物性质、运量、运距、时效、运费五方面进行具体分析。

二、商品运输原则

不同的运输方式有其特定的运输路线、运输工具、运营优点及缺点。在商品运输过程中，企业应结合经济性、时效性、精准性、安全性等原则合理选择恰当的运输方式。

（一）时效性

时效性是指商品运输过程中力求用最少的时间及时发运货物，按时到达指定地点，以确保商品能及时供应消费市场。

1. 减少周转环节，缩短在途时间

商品运输是异地运输，在运输过程中尽量选择直达或直线运输的方式，避免出现迂回路线、多环节装卸而造成商品损耗、变质等现象的发生。商品可从产地直接运送到销地，走最短的路程，选用最少的运输环节，尽量缩短商品的在途时间，减少各种外界因素对商品造成的不利影响，从而维护商品质量和降低运输费用。

2. 加快商品运输各环节的速度

在商品运输过程中，为了加快商品的运输速度，企业可通过有效的管理措施解决装卸作业中的机械化问题，通过提高装卸效率、简化验收交付手续、采用集装箱等先进运输方式来不断提高商品运输的装卸效率，进而加快商品运输效率，保证商品高质量、高效率运输。

（二）精准性

精准性是要求在商品运输过程中，要选择正确的运输工具和仓储技术，保证商品按时、按质、按量到达运输目的地。在商品运输过程中要全面关注所有可能影响商品运输的因素，切实防止各种差错的发生。在所有的商品运输环节都需要建立健全各种岗位责任制，通过各种激励和惩罚机制杜绝运输各环节问题的出现，最终保证商品发货准确、按时发送、地点准确。

（三）经济性

商品运输成本是构成商品价格的重要组成部分，商品运输成本的降低有利于企业利润的提升，因此，如何达到商品最低运输成本是各个企业不断探索的新问题。商品运输应采取最经济、最合理的运输路线和工具，有效利用一切运输设备和先进设施，争取通过最低的人力、物力、财力实现商品运输效率及质量的最优化。

（四）安全性

安全性是指商品运输过程中，除了发生不可抗拒的自然灾害等因素外，商品数量和质量必须保持完整无损。

1. 正确选择合适的运输工具、路线和方式

商品的储存时效、储存方式具有较大的差异性，如何将差异化的商品在既定保质期内高质高量地运输到消费者手中是运输企业必须考虑的重点问题。选择合适的运输工具、路线和方式可以大大提升商品运输的质量，可减少商品运输中意外因素对商品质量产生的不良影响。

2. 正确选择合适的运输包装

不同的商品具有不同的商品特性，在商品运输过程中，运输企业应结合相应的商品特性选择最利于保护商品的运输包装，从而避免商品在运输过程中出现毁坏、散落、破损或变质等现象。例如：针对易碎怕撞击的商品（鸡蛋、瓷器、玻璃等），运输包装应选择缓冲包装；针对怕潮、易生锈的商品（饼干、茶叶、铁制品等），运输包装应选用防潮包装。

3. 做好商品运输过程中的商品防护工作

在商品运输过程中，很多外界不良因素会对商品质量造成影响。因此，在具体商品运输过程中应增强防破损、防潮、防虫蛀、防污染、防渗透等多种防护措施。例如：针对易受虫蛀的粮食、毛皮、油料等商品，必须采取防虫蛀措施；针对易受潮的干菜、面食类商品，必须采取防潮措施。

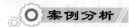

运输工具的选择

人或物的位移	要求	铁路	公路	沿海	内河	航空
从哈尔滨到广州参加贸易洽谈会	次日必须报到					
从重庆到武汉	沿途观赏三峡风光					
从大同运 200 吨煤炭到武汉	走近路，较低运费					
从天津到上海运一万吨海盐	选择最经济的办法					
从密云水库运 1 千斤活鱼到北京	保鲜					

实训项目 6.3：商品运输实训

运输的力量

1. 南疆铁路东起"塞外火洲"吐鲁番，西到"丝绸之路"重镇喀什，其西延线路已于 2000 年贯通。它所通达的南疆地区位于新疆天山以南，面积为 106 万平方千米，人口约 40 万。南疆是我国最大的棉花生产基地和石油工业资源接替区，棉花年产量已占新疆总产量的 70％，原油年产量能力已达 500 万吨。南疆边疆与多国接壤，并设立了 4 个边境通商口岸，成为我国西部对外开放的重要地区。南疆沙漠广袤如海，散布着千片绿洲，空气清新，自然风光独特。南疆铁路西延工程的建成结束了这里大部分地区没有铁路的历史，当地各族人民亲切地称南疆铁路是"致富路"和"幸福路"。

2. 川气东送是继三峡工程、西气东输、青藏铁路、南水北调之后的第五大工程。干线起于四川省达州市宣汉县，止于上海市，途经重庆市、湖北省、安徽省、浙江省、江苏省，全长 1674 千米，有力地保障了上海市天然气的供应。

3. 二十一世纪理想的交通工具是磁悬浮列车。磁悬浮列车的原理并不深奥，它是运用磁铁"同性相斥，异性相吸"的性质，使磁铁具有抗拒地心引力的能力，即"磁性悬浮"。磁悬浮列车可靠性大，维修简便，成本低，其能源消耗仅是汽车的一半、飞机的四分之一。磁悬浮列车的噪声小，当其时速达 300 公里以上时，噪声仅相当于一个人大声地说话，比汽车驶过的声音还小。由于它以电为动力，在轨道沿线不会排放废气，无污染，所以是一种名副其实的绿色交通工具。

目前，美国正在研制地下真空磁悬浮超音速列车。这种神奇的"行星列车"设计的最高时速为 2.25 万公里，是音速的 20 多倍。它横穿美国大陆只需 21 分钟，而喷气式客机则需 5 小时。

💬 小组任务

1. 活动形式：小组参与集体讨论与分析。

2. 活动时间：45 分钟。

3. 活动目的：加深学生对商品运输方式的认识；提升小组分析问题、解决问题的能力及团队协调能力。

4. 活动步骤。

🏃 步骤一：案例分析。

山西省地下埋藏有上千亿吨的煤炭资源，过去很多煤炭开采出来运不出去。另一方面，沿海许多城市因为缺煤，工厂不能全部开工。现在，修建了专门运煤的大秦铁路，山西的大量煤炭可以运出去了。随着交通运输的发展，山西煤炭已经出口至世界各地。

山西北部的煤炭要通过海运运到其他国家，请讨论：

1. 选择哪个港口海运最合适？为什么？

_____

2. 山西煤炭运到港口采取哪种运输方式比较合适？为什么？

_____

🏃 步骤二：分析不同商品运输方式的优缺点。

运输方式	优点	缺点
铁路运输		
公路运输		
航空运输		
水路运输		
管道运输		

🏃 步骤三：分析不同商品运输方式的特征，并按高低排序（1、2、3、4、5），其

中，1 代表等级最高，5 代表等级最低。

运输方式	运输能力	运输速度	运输成本	是否污染环境
铁路运输				
公路运输				
航空运输				
水路运输				
管道运输				

步骤四：请根据商品特性为以下商品选择不同的商品运输方式。

商品	生产地	销售地	运输方式	选择的原因
香蕉	广西	天津		
鲜鸡蛋	平山	石家庄		
冷冻鱼	青岛	西安		
蔬菜	太原	石家庄		
瓷器	深圳	北京		

小组评价

小组综合评价表

组　　别	评价内容及分值					
	组内学生分工明确（20分）	组内学生参与程度（20分）	运输方式选择准确（20分）	运输案例分析透彻（20分）	小组创新（20分）	总　　分（100分）
第 1 组						
第 2 组						
第 3 组						

组　别	评价内容及分值					
	组内学生分工明确（20分）	组内学生参与程度（20分）	运输方式选择准确（20分）	运输案例分析透彻（20分）	小组创新（20分）	总　分（100分）
第4组						
第5组						
第6组						
第7组						
第8组						
总评价						
备　注						

食品类商品

引导案例

2012 年，纪录片《舌尖上的中国》横空出世，它再一次向世界展示了中国人对于美食的追求。"民以食为天"，中国人走到哪里，中餐馆就开到哪里。过去受到经济水平和技术能力的限制，大多数人只能素食果腹、偶有荤腥。如今，随着经济的腾飞和生活水平的提高，中国人的餐桌已经极大地丰富起来。并且，随着网络经济的繁荣和物流能力的发展，家家户户的餐桌上都可以出现千里之外的食材了。

【想一想】

1. 什么是食品类商品？

_____

2. 食品有什么样的作用？

_____

3. 你认为网络营销对于食品类商品有什么影响？

_____

任务一　食品含义及分类

任务目标

知识目标：了解食品的概念，明确食品的分类。

技能目标：能清晰地划分食品类别，并灵活掌握不同食品所含营养成分及对人体的作用，并将食品营养对人体的作用运用到营销实践中。

情感目标：锻炼学生对于生活的观察能力，提升学生利用所学知识指导生活的能力。

案例分析

小王是一名中职生，以下是他一天所吃的物品：早上，到早餐车上买了一份粥和两个包子；中午，在学校吃了一碗方便面；晚上，妈妈做了红烧肉和西红柿炒鸡蛋，饭后妈妈还做了川贝炖雪梨作为饭后甜点，由于流感盛行，妈妈还让小王喝了板蓝根预防感冒。

【议一议】

1. 你认为小王这一天所吃的物品中哪些是食品？

_____

2. 你认为食品有哪些属性？

_____

理论知识

一、食品的概念

1994 年，《食品工业基本术语》中对食品的定义为：可供人类食用或饮用的物质，包括加工食品、半成品和未加工食品，不包括烟草或只作为药品用的物质。

2015 年 4 月 24 日，第十二届全国人民代表大会常务委员会第十四次会议修订《中华人民共和国食品安全法》，对"食品"做了如下描述：食品，指各种供人食用或者饮用的成品和原料以及按照传统既是食品又是中药材的物品，但是不包括以治疗为目的的物品。

食品为人类延续生命、保证发育和维持健康提供所需的能量和营养，是人类赖以生存的最基本的生活资料。

【议一议】

以下哪些属于食品，哪些属于食品类商品，为什么？

①山中的溪水；　　　　　　　　②超市里的矿泉水；

③超市中的陈皮；　　　　　　　④药店里的陈皮；

⑤农民自种的大米；　　　　　　⑥粮店里的大米；

⑦感冒冲剂；　　　　　　　　　⑧妈妈做的红烧肉。

_____

_____

二、食品的功能

食品对人体主要有以下三方面的功能作用，即营养功能、感官功能和调节功能。

（一）食品的营养功能

是指食品能够为人体提供必需的营养素，它是食品最基本的功能。食品中含有的营养素有糖类、脂类、蛋白质、膳食纤维、维生素、矿物质和水七大类。

（二）食品的感官功能

是指食品在色、香、味、形和质地方面满足不同人们的偏好。良好的感官性状能够刺激视觉、味觉和嗅觉，从而兴奋味蕾，刺激消化酶和消化液的分泌，达到增进食欲和稳定情绪的作用。

（三）食品的调节功能

表示食品可对人体功能的调节作用，如改善人体生理节律，提高机体的免疫力。例如，苹果中的膳食纤维可以改善肠道环境，治疗便秘。

⊡【趣味思考】

纪录片《舌尖上的中国》播出后，很多人去寻找纪录片中出现的饭店，是什么引起了他们的食欲呢？

三、食品的分类

由于食品种类繁多，不同的人群对食品的喜好不同，不同地区也有不同的饮食习惯，故食品目前尚无统一的分类方法。

按照常规或习惯，食品有下列几种分类方法。

（一）按照食品的来源分为植物性食品、动物性食品和矿物性食品

植物性食品主要包括谷类、蔬菜、水果、植物油、糖类、坚果类、海产植物等，以及它们的各种加工食品。

动物性食品主要包括畜禽肉类、腑脏类、蛋类、奶类、鱼虾类等，以及它们的各种加工食品。

矿物性食品主要包括矿泉水、盐、味精等。

（二）按照食品在饮食中的比重分为主食和副食

主食是指我国传统饮食结构中以提供能量为主的植物性食品，即通常所说的粮食，主要包括稻米、面粉、玉米等。

副食是指主食以外的食品，主要包括肉类、蛋类、奶类、禽类、鱼类、豆类和蔬菜等。

（三）按照食品是否经过加工分为原料食品和加工食品

原料食品是指由各生产部门提供的未再加工的食品，主要包括谷类、水果、蔬菜、畜禽肉、水产品等。

加工食品是指在原料食品的基础上，进一步加工而得到的各种食品。

○ 案例分析

小王的妈妈叫小王去超市买食品，妈妈给小王列了一张清单：鸡蛋2斤，苹果2斤，

白菜一棵，盐一袋，猪肉 3 斤，牛奶一桶，大米 5 斤，虾一斤，酱油一瓶。小王到超市后对所需购买的食品进行了分类，很快就买齐了所有食品。

◉【议一议】

1. 你认为小王是如何对这些食品进行分类的？

_____

2. 你是依据什么对这些食品进行分类的？

_____

四、食品安全问题

食品安全问题是指食物中有毒有害物质对人体健康造成影响的公共卫生问题。食品安全问题会严重影响人类的健康，会给国家造成巨大的经济损失。

随着整个地球环境的恶化及不法分子的投机行为，食品安全问题变得异常突出，人们对食品安全的关注度也急剧提升。因此，如何保护环境、治理企业，如何采取有效措施确保食品安全，已经成为全世界共同关注的重要问题。

◉ 案例分析

可怕的一天饮食

早起，买两根地沟油油条，切个苏丹红咸蛋，冲杯三聚氰胺奶。中午，瘦肉精猪肉炒农药韭菜，再来一份人造鸡蛋和注胶牛肉，加一碗石蜡翻新陈米饭，泡壶香精茶叶。下班，尿素豆芽，膨大西红柿，石膏豆腐，开瓶甲醇勾兑酒，吃个增白剂加吊白块和硫黄馒头……

◉【议一议】

1. 上面的"可怕的一天饮食"中，出现了多少种食品安全问题？

_____

_____

2. 你还碰到过或听说过哪些食品安全问题？

_____

_____

3. 你认为谁应该为这些食品安全问题负责？应该如何负责？

_____

_____

实训项目 7.1：零食品牌设计与推销

 **案例阅读**

稻香村的历史

"稻香村"品牌起源于 1773 年，距今已有 243 年，当时叫"苏州稻香村茶食店"。乾隆皇帝下江南，在苏州品食稻香村糕点后，赞叹道"食中隽品，美味不可多得"，并御题匾额，所以名扬天下。

北京稻香村创建于 1895 年，是北京城第一家生产经营南味食品的商家。由于受到战乱等因素的影响，稻香村曾一度关门，直至 1984 年又重新开业。现在，稻香村已有 30 多家直营店和 100 多家加盟店，拥有一个食品配送中心、一个 14 万平方米的中心工厂和一个 4 万平方米的原料加工基地，生产中西糕点、熟食制品、速冻食品、休闲小食品等十二个系列的 400 多个品种，年销售收入达 40 亿元。

稻香村最开始经营的是苏式糕点，后来不断开发新品种，销售肉食、速冻食品、月饼、元宵、粽子等各种节令食品。现如今的北京稻香村的连锁店不仅销售精细考究的各式传统糕点，还销售豆制品做成的几十种全素宫廷菜、各种干果炒货，以及在别处难得一见的江米酒酿、年糕、炒红果等传统美食。

北京稻香村采用豁亮的玻璃柜台展示商品，收钱使用专门的不锈钢小盘小夹，设专人找兑零钱，营业员一年四季一水儿地穿白大褂，戴白帽子，并且使用纸袋包熟食，用油纸盛糕点。这些别具特色的"老讲究"让消费者感到十分亲切。

如今进入了网络时代，北京稻香村也紧跟科技的步伐，在各大电商销售平台均设有官方旗舰店，将稻香村的生意做到全国各地的每一个角落。

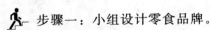 **小组任务**

借鉴"北京稻香村"的案例，设计一个新的休闲食品品牌

1. 活动形式：小组参与，设计企业产品构成及初次推广。

2. 活动时间：45 分钟。

3. 活动目的：加深学生对食品概念及功能的认识；提升小组的团队协调能力及设计、创新、推销能力。

4. 活动步骤。

步骤一：小组设计零食品牌。

项　目	内　容
品　牌	
主营商品	
产品定位	
产品包装	
目标顾客	
销售渠道	
促销方式	

步骤二：新品牌零食销售网站设计。

（1）网站的首页应突出该零食的食品功能；

（2）对所有销售食品进行产品分类；

（3）网站的文字、图案、色彩、商标应符合该品牌的特征；

（4）组内分工明确，主题突出，布局合理。

步骤三：小组寻找一起食品安全事件进行分析。

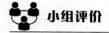 **小组评价**

小组综合评价表

组　别	评价内容及分值					
	组内学生分工明确（20分）	组内学生参与程度（20分）	小组网站设计（20分）	小组推销能力（20分）	小组创新（20分）	总　分（100分）
第 1 组						
第 2 组						
第 3 组						
第 4 组						
第 5 组						
第 6 组						
第 7 组						
第 8 组						
总评价						
备　注						

任务二　茶　　叶

任务目标

　　知识目标：了解茶叶的功效、主要品种以及不同品种的特征。

　　技能目标：熟悉茶叶的质量评定，掌握茶叶的储存与保管。

　　能力目标：锻炼学生的观察分析能力，提升学生的总结和沟通能力，增强学生的语言表达能力。

案例分析

中国是茶的故乡。中国人对茶的熟悉，从帝王将相、文人墨客，到挑夫贩夫、平民百姓，无不以茶为好。中国人常说："开门七件事，柴米油盐酱醋茶。"足见茶对中国人的重要性。

我国是世界上最大的产茶国，这些年来茶叶的产量和销量也在飞速发展中。但是，我们却不得不看到这样一个现实：中国至今没有一家全球性的茶叶品牌。中国的茶叶品牌建设和营销处在相对低级的阶段，不但没有形成一个世界性的品牌，而且连叫得响的全国性品牌也屈指可数。一直以来，中国茶叶处于"有名茶，无名牌"的尴尬境地，中国茶叶企业始终未做强，而只是在做大。

【想一想】

1. 你所知道的中国名茶有哪些？

_____

_____

2. 你所知道的中国茶叶品牌有哪些？

_____

_____

理论知识

一、茶叶的成分及功效

茶是中华民族的国饮，与可可、咖啡同为风靡世界的三大无酒精饮料。传说公元前2700多年，神农为了普济众生，采草药，尝百草，日遇七十二毒，得"茶"而解，"荼"是茶最早的名字。

茶叶原产于中国，在中国长江以南各省的山区均有栽培，为山茶科茶属植物茶的嫩叶或嫩芽。我国是世界上最早种茶、制茶、饮茶的国家，茶树的栽培已有几千年的历史。在云南普洱县有棵"茶树王"，高13米，树冠32米，已有1700年的历史，是现存最古老的人工栽培茶树。

茶叶作为一种著名的保健饮品，含有很多利于人体健康的营养物质，如茶多酚、生物碱、芳香物质、维生素、矿物质等成分。

（一）茶多酚类物质

茶多酚是茶叶中多酚类物质的总称，主要成分为黄烷酮类、花色素类、黄酮醇类、花白素类、酚酸及缩酚酸六类化合物。其中，黄烷酮类（主要是儿茶素类化合物）最为重要，占茶多酚总量的60%—80%。

绿茶中茶多酚含量较高，占其总量的15%—30%。

茶多酚类物质对人体有多种药理功效，如儿茶素具有杀菌、降压、解毒、抗氧化、防辐射、明目清肝等功效。

（二）生物碱类物质

茶叶中的生物碱主要是咖啡碱，含量一般为2％—4％，可作为验证茶叶真伪的重要标志，也对茶汤苦味的形成具有重要作用。

咖啡碱具有刺激大脑皮层、醒脑解疲、促进新陈代谢、强心平喘、减轻酒精、烟碱等有害物质对身体的伤害等功效。因生物碱对心脏有一定的刺激性，一些特殊群体如老年人、孕妇、儿童、心脏病人及神经衰弱者不宜饮茶。

（三）芳香物质

茶叶的香气来源于茶叶本身所含有的芳香物质。茶叶中的芳香物质多达几百种，主要包括青叶醇、苯甲醇、苯乙醇、香叶醇、苯甲醛等。一般嫩叶芳香物质含量高于老叶，红茶高于绿茶，新茶高于陈茶。茶叶的香气也被作为衡量茶叶品质的重要标准。

芳香物质中的醇类可刺激胃黏膜，促进支气管的分泌作用，具有祛痰镇静的功效。芳香物质中的醛类具有强大的杀菌功效，酯类具有消炎镇痛的功效。

（四）维生素和矿物质

茶叶中含有维生素 A、维生素 B、维生素 C、维生素 D 等多种维生素。其中，维生素C（也称抗坏血酸）的含量最为丰富，具有提高机体免疫力、预防坏血病的功效。

茶叶中含有多种矿物质，其中磷、钾含量最多，其次是钙、镁、铁、锌、铜、氟等。其中，铁能造血和制造红细胞，锌具有促进生长发育、改善味觉的作用，氟对牙齿具有抗龋、修复牙釉质的功效。

（五）氨基酸

茶叶中的氨基酸为主要呈味物质，不但会使茶汤变得更加鲜爽，而且会激发茶叶的香气。

氨基酸具有增强免疫力、健体补虚的功效。氨基酸也是很好的抗老化物质，具有护发护肤的功效。

（六）糖 类

茶叶中含有高达20％—30％的糖类物质，包括单糖、双糖和多糖。单糖和双糖是茶叶可溶性糖的主要成分，会使茶汤呈甜味；多糖类物质主要包括纤维素、半纤维素、淀粉、果胶等。同时，茶叶中含有一种特殊的茶多糖，具有降血糖、降血脂的功效。

🔖【议一议】

1.《红楼梦》中林黛玉进贾府第一次用餐时，贾府全家用膳后为什么用茶水漱口？

_____

_____

2.《大宅门》中，七老爷有一个习惯，每天早上起来用茶水擦拭双眼，为什么？

_____

_____

二、茶叶的类别及特点

茶叶品种繁多，并没有统一的分类方法。按照茶叶的制作方法不同，并结合茶叶的特点，人们通常将茶叶分为绿茶、红茶、乌龙茶、花茶、紧压茶等几类。

（一）绿　茶

绿茶是不发酵茶，它保持了鲜茶叶的原有绿色，具有"干绿，汤绿，叶底绿"的"三绿"特征。

绿茶以适宜茶树的嫩芽为原料，将采摘的鲜叶先进行高温杀青，杀灭了各种氧化酶，阻止茶叶的氧化，从而较多地保留了鲜叶内的天然物质。其中，茶多酚、咖啡碱保留了鲜叶的85%以上，叶绿素保留了50%左右，因此，绿茶才兼具干茶色绿、冲泡后汤青叶绿、味道清香、浓而不涩的特点。

绿茶按照干燥加工方式的不同，分为炒青、烘青、晒青：炒青一般是用铁锅炒制的茶，具有条索紧、滋味浓、耐冲泡等特点，常见的炒青有碧螺春、龙井、庐山云雾、珠茶等；烘青一般是采用烘笼或烘干机烘干，具有外形舒展、味鲜醇的特点，常见的烘青有黄山毛峰、六安瓜片、信阳毛尖等；晒青一般是利用日光进行干燥，品质不及炒青和烘青，具有香气低、汤色叶底呈黄色、带有日晒味等特点，一般用来作为紧压茶的原料。

（二）红　茶

红茶属于全发酵茶，采用鲜嫩的芽叶发酵而成。发酵使茶多酚加速了酶促氧化，形成了红叶红汤、香甜味醇的品质特征。上品红茶具有干茶色泽乌润、冲泡后汤色清澈红艳、香气馥郁、口感醇厚的特点。

红茶分为以下三类：

1. 小种红茶：福建省特产。因在烘干时使用松木烟熏，所以成茶带有松木的独特香气，外形松散粗实，汤色红浓，滋味浓郁。

2. 工夫红茶：我国红茶的特有品种，以做工精细而闻名，品类众多，其中以祁红、滇红、川红、宜红为最佳。工夫红茶外形紧密精细，汤色红艳，香气浓郁，滋味甘醇。

3. 碎红茶：碎红茶在国际市场上最受欢迎。碎红茶初制与工夫红茶相似，但具体操作技术差异很大，成品汤色红亮、香高、味"强、浓、鲜"，适于添加牛奶、柠檬、糖等饮用。

（三）乌龙茶

乌龙茶又称青茶，它是半发酵茶。乌龙茶的制作方法介于红茶、绿茶之间，兼具红茶发酵和绿茶杀青两种制作方法。制作过程中先对茶叶边缘进行发酵，发酵到一半的时候停止发酵再进行杀青，使茶叶中心部分保持绿色。因此，乌龙茶既有绿茶的鲜爽，也有红茶的甘醇，它具有干茶粗壮疏松、茶汤金黄清澈、香气清新馥郁、滋味鲜爽甘醇、叶底"绿叶镶红边"的特点。

乌龙茶主要产于福建、广东、台湾三地。根据产地的不同，乌龙茶分为闽北乌龙、闽南乌龙、广东乌龙和台湾乌龙四大类，常见的品种有安溪铁观音、武夷岩茶。

根据临床医学研究证明，乌龙茶具有降压、降脂的功效，对高血压、高血脂病有显著疗效。

（四）黑　茶

黑茶属于后发酵茶，制作过程中往往堆积发酵的时间比较长，因而茶叶底色呈黑褐色。黑茶主要产于湖南、湖北、四川、云南、广西等地，主要品种有湖南黑茶、四川边茶、滇桂黑茶、云南普洱等。

（五）花　茶

花茶是我国特有的茶类，属于再制茶，它是用绿茶、红茶、乌龙茶的毛茶作为茶坯，加入鲜花窨制而成。花茶具有汤叶细嫩、香气鲜灵、汤色清润、滋味鲜爽的特点。根据窨制的鲜花不同，花茶主要有茉莉花茶、玉兰花茶、珠兰花茶、玳玳花茶等。

（六）紧压茶

紧压茶属于再加工茶，是用黑茶、晒青和红茶的副茶作为原料经渥堆、蒸茶、压模而加工成的茶砖。紧压茶具有防潮性能好、便于运输储藏的优点。它的主要品种有砖茶、饼茶、紧茶、沱茶和普洱茶等。

【连一连】

绿　茶	全发酵茶
乌龙茶	加工成茶砖
花　茶	半发酵茶
红　茶	不发酵茶
紧压茶	用花窨制

案例分析

小王是一家企业的营销人员，由于经常有客户上门洽谈业务，所以经理让他去买些茶叶来招待客户。小王到茶叶店买了一盒绿茶回来，然而一次顾客来访时拒绝让小王上茶，原来顾客不喜欢绿茶的味道，比较喜欢浓郁的味道。事后经理批评了小王，并让小王重新去购买茶叶。

【想一想】

1. 你所知道的茶叶种类有哪些？分别具有什么特点？

_____

_____

_____

_____

2. 你认为小王应该购买哪种类别的茶叶？

_____

_____

三、茶叶的质量评定

茶叶通过感官质量指标和理化质量指标两部分进行评定。我国采用以感官质量指标为主、以理化质量指标为辅的原则。感官质量指标即茶叶的外形、香气、滋味、汤色、叶底等。理化质量指标即茶叶的水分、灰分、农药残留量等。

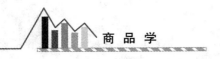

茶叶的感官质量评审分为外观评定和内质评定两方面。

（一）茶叶的外观评定

茶叶的外观评定包括外形、嫩度、色度、净度四项指标，主要考察原料鲜叶的老嫩程度以及制茶工艺是否恰当。

1. 外 形

条形茶的外形称为条索，通过观察的松紧、曲直、匀整、轻重来判断茶叶的质量。

就条索的形态而言，不同的茶有不同的要求，具体来说：红茶、绿茶、花茶以条索紧细、圆直、均匀、质量重为佳；乌龙茶以条索肥壮、紧细、质重均匀者为好；紧压茶要求外形符合规格，块形完整，表面、边角整齐，不龟裂，不掉面，不残缺，厚薄均匀，无茶梗露出，压印端正清晰。

2. 嫩 度

嫩度指茶叶芽头的多少、叶质的老嫩、条索的光润度和峰秒的比例。人们通过手指接触浸泡过的湿叶，判断茶叶的质量，通常情况下柔软、肥厚、细嫩、紧致的为好。

3. 色 度

色度指茶叶的颜色和光泽。每种茶叶都有其标准色，在进行评定时，首先看茶色是否纯正，其次看茶色的深浅，光泽的枯润、明暗，有无杂色。

不同品种的色泽特征大致如下：工夫红茶以色泽乌黑，光泽油润，芽尖呈金黄色者为优；绿茶色泽主要体现为"绿"，要求光泽明亮；乌龙茶中岩茶色呈青褐色，光润油亮，其他多呈青绿色，光泽油润。

4. 净 度

净度指茶叶中杂质含量的多少。茶叶中的杂质分两类：一是茶类杂质，如梗、籽、片、末等；二是非茶类杂质，如杂草、树叶、泥沙等。一般来说，成品茶不允许出现任何非茶类杂质，中高档茶叶不允许出现这两种杂质。

（二）茶叶的内质评定

茶叶的内质评定包括香气、汤色、滋味、叶底四项指标。

1. 香 气

人们用嗅觉来评审香气的强弱、持续时间的长短、是否纯正和有无异味。高级红茶要具有甜香，绿茶要有栗子香，乌龙茶要有甜香和栗子香，花茶则要求香气纯正、持久、鲜灵。

2. 汤 色

汤色指茶叶内含物被开水冲泡出的汁液所呈现的色泽。红茶的汤色以红艳明亮为佳，绿茶以碧绿清澈为佳，乌龙茶以橙黄或金黄明亮为佳，花茶以浅黄明亮为佳。

3. 滋 味

滋味指茶叶经过热水冲泡后茶汤形成的味道。鉴定茶叶滋味时，主要辨别茶汤滋味的浓淡、强弱、鲜爽、醇和、甜苦等。质量好的茶叶，茶汤入口后稍有些苦涩之感，但很快就有回甜清爽的感觉；质量好的花茶，醇厚甘甜与绿茶相似，因鲜花香气明显，滋味更加鲜爽；紧压茶则以醇厚者为优。

4. 叶　底

叶底是指浸泡过的茶叶，它能反映茶叶原料的老嫩、色泽、均度。优质的红茶，叶底细嫩、多芽、红艳；优质的绿茶，叶底细嫩、整齐，叶肉厚而柔软，有明亮的橄榄色；优质的乌龙茶，叶底为绿叶镶红边，其叶脉、叶缘部分为红色，其余为绿色，叶肉厚软；优质的花茶，叶底呈黄绿色。

◎ 案例分析

小王听从经理的指示再次来到茶叶店，这次他咨询了店员，选购了几种不同的茶叶。过了一段时间，公司邀请一位老教授来进行培训，小王为教授奉上乌龙茶。老教授大赞茶叶香气持久，茶汤清澈，色泽金黄，叶底整齐。事后经理表扬了小王。

◎【议一议】

1. 老教授是通过哪几个指标判断茶叶的品质的？

_____

2. 你认为除了以上指标外，还可以通过哪些指标来判断茶叶的品质？

_____

3. 现代人生活节奏快，年轻人追求方便快捷，袋泡茶被越来越多的消费者追捧。那么对于袋泡茶应如何判断茶叶的品质呢？

_____

四、茶叶的储存与保管

（一）茶叶的特性

茶叶具有吸湿性、陈化性和吸附异味性的特性。

1. 吸湿性

由于经干制后形成了疏松多孔的组织结构，并且茶叶中的很多成分都具有较强的亲水性，再加上成品茶中的含水量又远低于空气中的平衡含水量，因此茶叶具有很强的吸湿性。吸湿后的茶叶色香味降低，严重时会发生潮霉变，甚至失去饮用价值。

2. 陈化性

陈化性是指随着茶叶储存时间的延长，品质会逐渐下降的现象。茶叶在存放过程中，新茶的香气会慢慢消失，色泽变暗、变深，茶味变得淡薄，收敛性降低，这种现象叫茶叶陈化。茶叶的存期越长，陈化的程度越厉害，茶叶的品质越低。陈茶的茶汤色泽会变深，同时滋味变得淡薄，失去鲜爽味。

3. 吸附异味性

茶叶的多孔结构和疏松状态使茶叶具有较强的吸附异味性。茶叶吸收异味后，香气和滋味会大大减退，严重时还会失去饮用价值。

【趣味思考】

根据茶叶的特性判断，陈化的茶叶如果不饮用，还可以用来做什么呢？

（二）茶叶的储存保管方法

1. 仓库保管

贮存茶叶的仓库要清洁、干燥、阴凉、通风、无虫无鼠，门窗要严密，防漏、防热性要好。茶叶最好专库存放，不得与有毒有害物品、能散发出异味的商品同库存放。库房的相对湿度应控制在70%以下，温度不超过30℃。

茶叶入库时要严格检查。包装不完善或受潮霉变、串味儿、含水量过大的茶叶均不得入库。茶叶搬运和入库码垛要特别注意包装不受损坏，并注意卫生，防止污染。

茶叶的存放要掌握先进先出原则，不要积压时间过长，以防止茶叶陈化。对贮存的茶叶必须定期抽样检查，一般一个月检查一次，雨季要增加检查次数，发现受潮霉变时要及时进行处理。

2. 零售保管

在零售茶店中，应把小包装的茶叶放在干燥、清洁和具有一定封闭性条件的容器内，将容器堆放在干燥无异味的场所，并防止日晒。茶叶销售人员切忌浓妆艳抹，切忌使用香水等浓烈芳香的化妆品。

实训项目 7.2：茶叶购买实训

 案例阅读

购茶之旅

王明是厦门市某公司的市场部员工，一次他要买些茶叶送给北方的客户，所以来到了茶城。在茶城他分别碰到了下面三位茶商。

☺ 茶商甲

王明一进茶城，看到卖茶叶的商贩就上前问道："这茶叶怎么样啊？"

茶商甲说："我的茶叶特别好喝，新茶是味正又新鲜！"

王明听闻此言并未购买茶叶，而是摇摇头走了。

☺ 茶商乙

旁边的茶商乙见状问道："先生，您要什么茶叶？我这里种类非常全！"

王明说："我想买味道浓些的茶叶。"

茶商乙答道："我这种茶叶是浓香的，味道比较重而且耐泡，您要多少斤呢？"

王明说："那就来一斤吧。"

☺茶商丙

王明离开时，看到一个茶叶商贩的茶叶很抢眼，便上前询问："你的茶叶怎么样啊？"

茶商丙答道："我的茶叶很不错的。"他接着询问道："请问，您想要什么样的茶叶呢？"

王明回答："我想买味道浓些的茶叶。"

茶商丙说："一般人买茶叶要的是新茶，味正又新鲜的，您为什么要浓香的呢？"

王明说："我的朋友是北方人，我想送他点浓香的福建特色茶叶。"

茶商丙说："先生，您对朋友真是细心啊！将来您的朋友一定能给您带来好运气的。前几天，也有几个北方的客人来我这里买茶叶，您猜怎么着？这几个客人都说福建的茶叶非常棒，还叫我给他们邮寄呢。您想要多少？"

"好，那我来两斤吧！"王明被这位茶商说得高兴了。

茶商丙又为王明介绍起其他茶叶："武夷山大红袍茶叶也适合北方的客人喝，它不仅是焙火型的茶叶，口味重，生长周期长，茶叶的营养价值丰富，还有非常深厚的茶叶文化和品牌故事呢，特别有韵味。您要是给您的北方朋友邮寄点武夷山大红袍，他肯定会很开心的！"

"是吗？好！这款武夷山大红袍也来三斤吧！"

"您人可真好，您这位北方的朋友遇上了您这样的福建人，实在太有福气了！"茶商称赞着王明，又说他的茶叶都是从原产地的茶农家进货，原滋原味，保证品质，要是喝好了让王明再过来。

王明被茶商丙夸得开心，提着茶叶满意地回去了。

💬 小组任务

分析案例，模拟对不同品种茶叶进行推销

1. 活动形式：小组参与，总结销售话术，模拟推销现场。

2. 活动时间：45 分钟。

3. 活动目的：加深学生对不同品种茶叶的特点认知；提升小组的协作能力，提高学生的观察能力以及语言表达能力。

4. 活动步骤。

🚶 步骤一：总结不同品种茶叶的特点。

品　种	特　点	优质品相
红茶		
绿茶		
花茶		
乌龙茶		
紧压茶		

 步骤二：总结不同品种茶叶的销售话术。

（1）话术应包含顾客接待、需求分析、产品介绍、成交收款、送别售后；

（2）话术在产品介绍上应根据不同品种的茶叶进行总结；

（3）话术在语言运用上要符合生活实际；

（4）组内分工明确，讨论积极。

_____

_____

_____

_____

_____

步骤三：茶叶推销展示。

（1）确定推销地点；

（2）进行推销员、顾客的角色分配；

（3）推销展示：以茶叶的品质介绍为主。

小组评价

小组综合评价表

组　别	评价内容及分值					
	组内学生分工明确（20分）	组内学生参与程度（20分）	茶叶特征概括准确（20分）	小组推销能力发挥（20分）	小组创新（20分）	总　分（100分）
第1组						
第2组						
第3组						
第4组						
第5组						
第6组						
第7组						
第8组						
总评价						
备　注						

任务三 食糖与糖果

任务目标

知识目标：了解食糖与糖果的分类、品质特点及主要成分。

技能目标：掌握食糖与糖果的保管养护。

能力目标：锻炼学生的逻辑分析能力，提升学生的理论应用能力，增强学生的团队协作能力及表达能力。

引导案例

糖，能让人的心情变好，这是因为人体在摄入糖后，血液内葡萄糖含量会上升，在为脑部补充能量的同时，可以更好地控制人类的情绪。据美国《纽约时报》报道，近年来经济状态低迷，糖果的消费量却有增无减。不少人都表示"只有糖果能让人感到心安"，吃糖解忧已悄然成为一种新的生活方式。

【想一想】

1. 案例中提到了哪种摄取糖类的方式？

_____

_____

2. 你还知道哪种摄取糖类的方式？

_____

3. 糖吃多了有没有害处呢？

_____

_____

理论知识

一、食糖的分类及品质特点

食糖按照不同的分类标准，可分为许多类别，下面是几种常见的分类方法：

（1）按照制糖原料不同分为甘蔗糖和甜菜糖；

（2）按照制作方法不同分为机制糖和土制糖；

（3）按照加工程度不同分为粗糖、精糖、再制糖；

（4）按照颜色不同分为白糖和红糖；

（5）按照外观形态和晶粒大小不同分为砂糖、绵糖、方糖、冰糖；

（6）按照商业经营习惯可分为白砂糖、绵砂糖、赤砂糖、红糖粉、方糖、冰片糖。

下面介绍几种主要食糖的品质特点：

（1）白砂糖：形如沙粒，晶粒均匀，洁白晶亮，糖质结实，纯度高。

（2）绵白糖：色泽雪白，晶粒细小均匀，质地绵软。

（3）土红糖：又称红糖，是用手工制成的土糖。晶粒细小，色泽深且暗，水分、还原糖、非糖杂质含量均较高。

（4）冰糖：由白砂糖再结晶得到的高纯度食糖，由于结晶很像冰块儿故称冰糖。色泽有洁白、微黄和黄色等，以洁白而透明者质量最佳。

◙ 【趣味思考】

画糖人儿用的是哪种糖呢？为什么各种糖的颜色不一样呢？

_____

_____

二、食糖的主要成分

食糖中含有蔗糖、还原糖、水分、灰分等多种成分。

1. 蔗　糖

蔗糖是食糖的主要成分。蔗糖的含量越高，食糖的品质就越纯正，甜度越高，营养价值也越大。蔗糖分子在常温下较为稳定，吸湿性较小，所以食糖中蔗糖含量越高就越耐储存。

2. 还原糖

还原糖是葡萄糖和果糖的混合物，由蔗糖转化而成，也称为转化糖。其性黏，味甜，吸湿性强。如果还原糖的含量过高，那么不利于食糖的保管。

3. 水　分

食糖中的水分包括结合水和吸附水，通常讲的食糖水指的是吸附水，即吸附在结晶粒表面的水分。食糖的含水量对食糖的品质保管有很大的影响。附着的水分越多，食糖越易发黏，气温下降时食糖越易结块儿，而气温升高时越易融化，所以水分含量的多少对食糖的储存保管有直接影响。

4. 灰　分

灰分是指糖中所含的矿物质和其他杂质。它能影响食糖的纯度和色泽，并且增加吸湿性。

◙ 【头脑风暴】

1. 医院里病人输液使用的是哪种糖？为什么使用它？

_____

2. 你知道制作食糖的原材料是哪些植物吗？

_____

3. 你觉得最有营养价值的糖是哪种？

_____

三、食糖的储存与保管

食糖在储存期间易出现吸潮融化、结块儿干缩和变色变味的现象，所以在储存食糖时应做好以下工作。

1. 密封防潮

不要与含水量大的商品混存在一起。要干燥、通风，并有吸潮的措施。

2. 防高温

食糖在高温情况下更容易吸收潮湿的空气引起融化，因此应做好日常的降温工作，严格控制库房的温度和湿度，将温度控制在 30 ℃以下，相对湿度在 60%—70%之间。

3. 保持清洁卫生

由于食糖可直接食用，所以它对储存环境的卫生条件要求较高，储存保管要符合卫生标准，注意仓库场地卫生，不要与有异味的商品混放。

◎ 案例分析

白糖贮存时间长了会因吸潮导致晶体表面融化，透明度降低，颜色变暗，这说明糖的质量已发生了变化。白糖久存还会寄生螨虫，螨虫不停地繁殖，虽然这种现象肉眼看不见，但是有人做过实验，从 500 克白糖中竟检出 1.5 万只螨虫。人吃了被螨虫污染过的白糖，螨虫会随着白糖进入消化道，引起不同程度的腹痛、腹泻等症状，医学上称之为肠螨病。如果在婴幼儿或老年人的食物中直接加入这种被污染的白糖，有可能因呛咳使螨虫进入肺内而引起哮喘或咯血，并引发气管炎、肺炎。螨虫侵入泌尿道还会引起泌尿道感染，出现尿频、尿急、尿痛和尿血的症状。

◎【议一议】

1. 白糖中出现螨虫是什么原因？

_____

_____

2. 家中的食糖应如何储存？

_____

四、糖　果

（一）糖果的主要品种及特点

糖果的品种繁多，根据糖果的质地、原料和制造方法的不同，可以将糖果分为硬糖、软糖、夹心糖、巧克力糖、胶基糖等几类。

1. 硬　糖

硬糖是指透明或半透明、质地坚而脆、含水量较低的糖果。因为在熬制过程中加入了不同的辅助原料，因而硬糖具有纯净的甜味和不同的香气和滋味。硬糖的风味多，生产成本低，是一种产量、销量都很大的大众糖。

2. 软糖

软糖是一种透明或半透明的质地柔软黏糯、富有弹性、含水量高的糖果，食用时口感疏松，不粘牙。软糖是用不同果汁味的胶体与砂糖、转化糖浆、酸和香料等制造而成的，因此，根据所用胶体的不同软糖可分为琼脂型、明胶型、淀粉型和果胶型四种。

3. 夹心糖

夹心糖是以硬糖作为外皮内包各种不同风味馅儿料的糖果。夹心糖口味多样，外硬内软，兼具酥脆和松软，风味独特，自成一类。由于所夹馅料的不同，夹心糖可以分为酥心糖、酱心糖、酒心糖等。

4. 巧克力糖

用可可作为原料制成的糖果称为巧克力糖。巧克力糖是用砂糖、可可粉、香精、乳化剂和果仁等原料制作而成的，它含有多种营养成分，且易被人体吸收，是一种营养价值很高的糖果。糖体有浓郁甜美的特殊香气，色泽光亮悦目，口感细腻滑润，入口易融化。其品种很多，大致可分为纯巧克力、果仁巧克力和夹心巧克力。

5. 胶基糖

胶基糖主要有胶姆糖和泡泡糖两种。胶姆糖又称为口香糖，具有清洁口腔、耐咀嚼和香气持久的特点，有水果味儿、薄荷味儿的等。泡泡糖具有弹性强、耐咀嚼、能吹泡等特点，口味多为各种水果味儿。

● 【趣味思考】

你能在家中用食糖制作糖果吗？

(二) 糖果的储存和保管

糖果在储存的过程中容易出现返潮、返砂、酸败、走油、巧克力发花、虫蛀的变质现象，因此在储存过程中应注意以下几点：

（1）存放糖果应选择干燥、凉爽、通风性好的仓库，糖果不得同有异味儿、含水量高或吸湿性强的商品一起存放；

（2）糖果在进行堆码时不宜过高，以防变形；

（3）糖果对温度和湿度的变化比较敏感，库内温度一般在 25 ℃以下，相对湿度在65％左右为宜；

（4）要消灭害虫和老鼠，搞好仓库卫生；

（5）零售店里的糖果应放在较密闭的玻璃罐中，要贯彻勤进快销的原则，不宜储存过多。

⚙ **案例分析**

中国人的饮食讲究浓油赤酱，相对重口味，所以越来越多的饭店在收银台处放置了薄荷糖，让顾客在享受美食之后还能带着清新的口气离开。小小的举动看似微不足道，却在解决了顾客的尴尬之外大大赢得了顾客的好感。

【议一议】

1. 案例中涉及了哪种糖果？为什么会放置这种糖果？

_____

_____

2. 你在生活中还吃过哪种糖果？

_____

_____

实训项目 7.3：徐福记促销方案设计

 **案例阅读**

徐福记的成功秘籍

1992 年，来自台湾的徐氏四兄弟于广东东莞成立了徐福记，其专注于生产经营糖果、糕点、沙琪玛、巧克力及果冻布丁等休闲食品。自 1998 年以来，徐福记在国内糖果市场上的销售额与占有率一直稳居榜首。如今，徐福记产品畅销中国 31 个省、市、自治区，拥有 138 个销售分公司和超过 28000 个可掌控的终端零售点，成为中国最大的糖果品牌和糕点企业之一。

徐福记的成功营销策略主要有以下几点值得学习：

(1) 做糖果市场的领导品牌；

(2) 完全差异化的竞争策略；

(3) 目标市场对准中高端主流消费群体；

(4) 推出全新的产品品类；

(5) 规划清晰的全系列产品线；

(6) 单一价格触动消费需求；

(7) 口感好带来品牌忠诚；

(8) 建立可控的销售通路；

(9) 直营零售，决胜终端；

(10) 开创独特的"散装专柜"终端销售模式；

(11) 实现产品力、销售力和品牌力良性互动；

(12) 低调传播，成就品牌。

小组任务

分析营销要点，设计徐福记六一儿童节促销活动

1. 活动形式：小组参与，设计促销活动。
2. 活动时间：45分钟。
3. 活动目的：加深学生对糖果品种的认识，掌握糖果的储存运输方法；提升小组的团队协调能力及设计、创新、推销能力。
4. 活动步骤。

步骤一：分析徐福记的产品特点，确定参与促销糖果品种。

_____

_____

步骤二：活动策划方案设计。

（1）活动目的
（2）活动对象
（3）活动主题
（4）活动方式
（5）活动时间和地点
活动时间：_____
活动地点：_____
（6）广告配合方式
① _____
② _____
③ _____
（7）前期准备
① 人员安排
总负责人：
活动宣传：
参与人员：
② 物资准备
（8）中期操作
① ××部门职员深入熟悉本次活动的主题、方法等；
② ××均应提前到岗，并确认各方面没有任何问题。
（9）后期延续
（10）费用预算
① 预算总额

② 预算分配明细

（11）意外防范

（12）效果预估

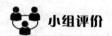 步骤三：促销设计说明。

（1）重点说明活动当天糖果的摆放情况。

_____

_____

（2）在活动准备阶段说明预计库存量及储存仓库的安排。

_____

_____

小组评价

小组综合评价表

组　别	评价内容及分值					
	组内学生分工明确（20分）	组内学生参与程度（20分）	小组促销设计方案（20分）	小组方案设计说明（20分）	小组创新（20分）	总　分（100分）
第1组						
第2组						
第3组						
第4组						
第5组						
第6组						
第7组						
第8组						
总评价						
备　注						

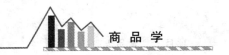

项 目 八

服装类商品概述

$ 引导案例

个性化定制闯出发展新天地

量身，设计，选面料，剪裁，成衣……一卷量尺、一把剪刀，裁缝这个传统的职业曾在成衣风潮中淡出人们的视线，而如今随着消费者对服装个性化、品质需求的不断提高，制衣行业再次焕发商机。

人们的生活水平不断提高，有了钱的国人喜欢到国外购买奢侈品品牌服装，但由于东西方人体型上的差异，90%以上的服装都不合身，需要修改后才可以穿。

定制，是指客户提出需求，设计师设计好后，手工定制出半成品，然后由客户试穿，发现不足，不断修改。定制一件衣服往往需要耗时一个月。"定制服装主要起到修饰身材的作用，成功的定制服装能掩盖一切身材上的不足，达到量体裁衣、视人而定的超高境界。"定制设计师告诉记者，"制作一件定制西服从选料到最终完成，要经过406道工序，其中上衣196道、裤子83道、后整理29道、裁剪98道，这四个部分缺一不可。这种手工赐予的自然与挺括无可替代。每件衣服都是一件独一无二的艺术精品。"

优雅的服装会说话。服装没有单纯的好看与否，更多的是这套服装是否符合个人的气质及穿着场合。每一件衣服都是一件作品，在新时代我们都要穿出自己的风采。

定制，是对工艺的专注，是对完美的苛求，也是对个性的表达。这无不迎合了当下人们对于美好生活的向往与追求。

◎【想一想】

1. 你认为服装的功能是什么？

2. 你怎样理解那些标新立异的高定时装？它的存在究竟有什么价值？

_____

3. 为什么很多人说服装是一种身份、一种生活态度、一个展示个人魅力的机会？

_____

4. 国际上服装有 TPO 原则，你知道是什么吗？

_____

任务一　服装材料

任务目标

知识目标：认识纺织纤维的类别及性能，熟悉常见的服装面料。

技能目标：能根据所制作的服装选择合适的服装面料，并能从感官上鉴别面料的种类，能够正确保养服装。

素养目标：锻炼学生的自主探索能力，提升学生的理论应用水平，增强学生的团队协作能力及创新意识。

【头脑风暴】

1. 你喜欢穿什么材质的服装？为什么？

_____

2. 你喜欢穿什么颜色、什么款式的服装？为什么？

_____

3. 你认为班级里谁穿的服装最有特色？有哪些特色？

_____

理论知识

一、纺织纤维

纤维是天然或人工合成的细丝状物质，纺织纤维则是用来纺织布的纤维，它是组成服装材料的基本物质条件。

纺织纤维具有一定的强度、弹性、细度、长度。它是构成面料的基本材料，按其来源分为两大类，即天然纤维和化学纤维。

（一）天然纤维

天然纤维指自然界生长的动物或植物的纤维，其舒适性一般较好，有益身体健康，普遍为人们欢迎，但其资源短缺，价格较贵。天然纤维的种类很多，大量用于纺织的天然纤维主要有棉、麻、毛、丝四种。

天然纤维包括：

（1）植物纤维，如棉花、麻、果实纤维；

（2）动物纤维，如羊毛、兔毛、蚕丝；

（3）矿物纤维，如石棉。

天然纤维的主要种类及特点

种　类	特　点
羊毛	纤维较长，有弯曲，光泽柔和，蓬松温暖，弹性好，吸湿，服用性能好，不耐虫蛀
山羊绒	纤维细软，光泽柔和，手感轻、软、滑、暖
蚕丝	光泽好，吸湿，透气，服用性能好，长期保存或暴晒易引起黄变和脆化，日晒易褪色，不耐摩擦
棉	透气，吸湿，服用性能好，耐虫蛀
麻	良好的吸湿散湿与透气的功能，传热导热快，凉爽挺括，出汗不贴身，质地轻，强力大，防虫防霉，服用性能好

【趣味思考】

自然界的物种种类繁多，所有的物种都能做成衣服吗？符合哪些特征才能用来做衣服呢？

（二）化学纤维

化学纤维指用天然或合成的聚合物为原料，经过化学和机械加工制成的纤维。

根据所用原料的不同，化学纤维可分为再生纤维和合成纤维。

再生纤维是指采用天然聚合物为原料，经过化学方法和机械加工制成的、与原聚合物在化学组成上基本相同的纤维，如黏胶纤维、醋酯纤维、莫代尔等。

合成纤维是指以煤、石油、天然气等制成的低分子化合物为原料，经过人工合成与机械加工而制成的纤维，如锦纶、涤纶、腈纶、氨纶、维纶、丙纶等。

化学纤维的主要种类及特点

种　类	特　点
黏胶纤维	吸湿性、透气性好，颜色鲜艳，原料来源广，成本低，性质接近天然纤维，适用染料同棉花
莫代尔	采用天然植物提取，手感爽滑、细腻，悬垂性好，吸水和透气性能佳，柔软滑爽，舒适平整
涤纶	挺，爽，保形性好，耐磨，尺寸稳定，易洗快干，吸湿性差
腈纶	蓬松温暖，干爽光滑，毛感较强
丙纶	强力较大，手感生硬，光滑，相对密度小，吸湿性很差
氨纶	弹性好，伸长度大
氯纶	手感温暖，易产生静电，弹性和色泽较差
维纶	形态与棉纤维相似，但不够柔软，弹性差

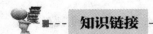 知识链接

纺织纤维的感官鉴别方法

——棉：纤维具有天然卷曲，纤维较细而短，一般长度在 38 mm 左右，弹性较差，手感柔软，光泽暗淡。

——羊毛：纤维较有弹性，通常是卷曲状，较棉粗而长，手感温暖，其织品揉搓时不易折皱，手感滑爽挺阔。

——蚕丝：蚕丝是天然纤维中最长最细、强力较大，柔软而富有光泽的纤维，手摸丝织品有冷凉的感觉，在干燥和湿润状态下拉断蚕丝，使用的力无明显区别。

——麻：纤维较粗，多呈片状，强力大，缺乏弹性和光泽，其织品手感粗硬，有凉的感觉。

——合成纤维：合成纤维强力大。弹性好，手感光滑，但不够柔软。

*手感：很软的是毛、醋纤，较硬的是棉、麻，适中的是丝、粘胶、锦纶等。

*重量：比丝轻的是锦纶、腈纶，比丝重的是麻、棉、粘胶、富纤，与丝重量相仿的是维纶、毛、醋纤、涤纶等。

*强度：用手拉伸至断，强度较弱者是粘胶、醋纤、毛等，强度较强者是丝、麻、

棉、合成纤维。沾湿后强度显著降低者是蛋白质人纤或粘胶、铜氨纤维。

　　＊伸长度：拉伸时感觉到伸长较大者是毛、醋纤等，较小的是棉、麻等，伸长度适中的是丝、粘胶、富纤及多数合成纤维等。

二、服装面料

　　服装面料就是用来制作服装的材料。作为服装三要素之一，面料不仅可以诠释服装的风格和特性，而且直接左右着服装的色彩、造型的表现效果。在服装大世界里，服装的面料五花八门，日新月异。但是从总体上来讲，优质、高档的面料大都具有穿着舒适、吸汗透气、悬垂挺括、视觉高贵、触觉柔美等几个方面的特点。

　　（一）服装面料的种类及特点

　　在服装大世界里，服装的面料五花八门，日新月异。服装面料一般有以下几类：

　　1. 棉　布

　　棉纺织品的总称。棉织品是各种棉纺织品的总称，多用来制作时装、休闲装、内衣和衬衫，其优点是轻松保暖、柔和贴身、吸湿性、透气性较好，其缺点则是易缩、易皱，外观上不大挺括美观，在穿着时必须时常熨烫。棉布可分为纯棉制品、棉的混纺两大类。

　　2. 麻　布

　　麻类植物纤维制成的一种布料的总称，特点是质地粗犷硬挺、凉爽透气、吸湿性好，外观粗糙，易折易皱，夏季服装面料较多。麻织物可分为纯纺和混纺两类。

　　3. 丝　绸

　　丝绸纺织品中的高档品种，主要指由桑蚕丝、柞蚕丝、人造丝、合成纤维长丝为主要原料的织品。它薄轻、柔软、滑爽，富有光泽，有较好的延展性和较好的耐热性。不足之处则是易生折皱，容易吸身，不够结实，褪色较快，不好打理。桑蚕丝享有"纤维皇后"的美称。绚丽多姿的中国丝绸历史悠久，饮誉世界。

　　4. 呢　绒

　　又叫毛料，它是对用各类羊毛、羊绒织成的织物的泛称。一般以羊毛为主，通常适用于制作礼服、西装、大衣等正规、高档的服装。它的优点是防皱耐磨，手感柔软，高雅挺括，富有弹性，保暖性强。它的缺点主要是洗涤较为困难，保存不当易被虫蛀，处理不当易掉绒，不大适用于制作夏装。

　　5. 皮　革

　　各种经过鞣制加工的动物皮。鞣制的目的是为了防止皮变质。它多用以制作时装、冬装。皮革可以分为两类：一是革皮，即经过去毛处理的皮革；二是裘皮，即处理过的连皮带毛的皮革。它的优点是轻盈保暖，雍容华贵。它的缺点则是价格昂贵，贮藏、护理方面要求较高，故不宜普及。

　　做服装的皮革，主要是绵羊皮、山羊皮、牛皮、猪皮，还有一些使用较少的动物皮，如鹿皮、袋鼠皮等。一般地，绵羊皮的粒纹较少，手感柔软，高档绵羊皮有丝绸一样的感觉；牛皮的纤维紧密，皮质细腻，强度高；猪皮的花纹清晰，结实耐用；反绒皮（反毛皮），是将皮坯表面打磨成绒状，再染出各种流行颜色而成的头层皮，质感出众，外观典雅大方，穿着舒适、透气，但不易打理。

6. 化　纤

化学纤维的简称。它是利用高分子化合物为原料制作而成的纤维的纺织品，通常分为再生纤维与合成纤维两大门类。它们共同的优点是色彩鲜艳，质地柔软，悬垂挺括，滑爽舒适。它们的缺点则是吸湿、透气性较差，遇热容易变形，容易产生静电。它虽可用以制作各类服装，但总体档次不高，难登大雅之堂。

再生纤维是化学纤维中生产量最大的品种，它是利用含有纤维素或蛋白质的天然高分子物质如木材、蔗渣、芦荟、大豆、乳酪等为原材料，经过化学和机械制作而成，如人造棉、人造丝、人造毛、虎木棉、富强棉等都属于再生纤维。

合成纤维也是化学纤维中的一大类，它是石油化工工业和炼焦工业中的副产品，如涤纶、棉纶、腈纶、维纶、丙纶、氯纶等都是属于合成纤维。

7. 混　纺

是将天然纤维与化学纤维按照一定的比例，混合纺织而成的织物，可用来制作各种服装。它的长处是既吸收了棉、麻、丝、毛和化纤各自的优点，又尽可能地避免了它们各自的缺点，而且在价值上相对较为低廉，所以大受欢迎。

（二）常用服装面料的感观鉴别法

1. 纯棉布

吸湿、透气、柔软、舒适；易折、易皱、易变形。用手捏紧布料后松开，可见明显折皱，且折痕不易恢复原状。从布边抽出几根经、纬纱捻开观看，纤维长短不一。

2. 人造棉

布面光泽柔和明亮，色彩鲜艳，平整光洁，手感柔软，弹性较差。用手捏紧布料后松开，可见明显折痕，且折痕不易恢复原状。

3. 涤棉布

光泽较纯棉布明亮，布面平整，洁净无纱头或杂质。手感滑爽、挺括，弹性比纯棉布好。手捏紧布料后松开，折痕不明显，且易恢复原状。

4. 纯毛精纺呢绒

织物表面平整光洁，织纹细密清晰。光泽柔和自然，色彩纯正。手感柔软，富有弹性。用手捏紧呢面松开，折痕不明显，且能迅速恢复原状。

5. 纯毛粗纺毛呢

呢面丰满，质地紧密厚实。表面有细密的绒毛，织纹一般不显露。手感温暖、丰满，富有弹性。

6. 毛涤混纺呢绒

外观具纯毛织物风格。呢面织纹清晰，平整光滑，手感不如纯毛织物柔软，有硬挺粗糙感，弹性超过全毛和毛粘呢绒。用手捏紧呢面后松开，折痕迅速恢复原状。

7. 真丝绸

绸面平整细洁，光泽柔和，色彩鲜艳纯正。手感滑爽，柔软、外观轻盈飘逸。

8. 人造丝绸

绸面光泽明亮但不柔和，色彩鲜艳，手感滑爽，柔软、悬垂感强，但不及真丝绸轻盈飘逸。手捏绸面后松开，有折痕，且恢复较慢。

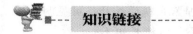 案例分析

清代钱泳的《履园丛话》记载了这样一个故事：旧时北京有个著名的裁缝，很多名人都愿意让他做衣服。而这个名裁缝有一个嗜好，就是每次做衣服的时候都需要对穿衣人的性情、年龄、相貌、身高甚至什么时候中举等都要问得清清楚楚。

⚙ 【趣味思考】

1. 裁缝仅仅是做衣服，为什么要问这么多问题呢？这些问题与做衣服之间有哪些关联性呢？

_____

_____

2. 我们经常穿的衣服有圆领和 V 领之分，你认为自己适合哪种衣领？为什么？

_____

_____

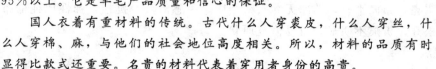 知识链接 ----------------

国际纯羊毛标志

国际纯羊毛标志是国际通用的供消费者识别优良品质羊毛产品的标志。纯羊毛标志是国际羊毛局授权的纺织品商标，羊毛含量需达95％以上。它是羊毛产品质量和信心的保证。

国人衣着有重材料的传统。古代什么人穿裘皮，什么人穿丝，什么人穿棉、麻，与他们的社会地位高度相关。所以，材料的品质有时显得比款式还重要。名贵的材料代表着穿用者身份的高贵。

三、服装面料的选择

（一）服装面料的选择原则

随着科学技术的进步和人们生活水平的不断提高，人们对服装面料的要求也越来越高，概括起来说，有美饰性、时新性、实用性、风俗性和经济性等。

（二）面料的识别

面料的手感是人们用来鉴别面料的品种质量的一个重要内容。具体来说，手感包括用手触摸到面料的感觉在心理上的反应。由于面料的品种不同，质量也各有差异，面料的手感效果也就有较大的区别。

手感包括以下方面：

（1）面料身骨是挺括还是松弛；

（2）面料表面的光滑和粗糙；

（3）面料的柔软和坚硬；

（4）面料的厚与薄；

（5）面料的冷与暖；

（6）面料对皮肤刺激的感觉。

例如：手抚摸着真丝纺品有凉的感觉；纯毛面料有暖的感觉；手感细而平滑的的确良织品多是高支纱织拷制成；手感粗糙的多为低支纱的织品。

另外，还可以借助力的作用，用手拉伸、抓纹等动作，再通过眼的观察、手的感觉，可以判断面料的弹性、强度、抗皱性及纤维类别等。但总的来说，手感是选购面料和服装时不可缺少的重要手段。

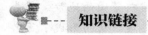

着装小知识：身材胖要巧着装

1. 尽量选择线型图案的布料。这样会给人以"瘦"的感觉。

2. 服装选择不要过紧、过松。过紧会显露出肥胖的外形，过松会使你显得"体积"更大，看上去就更肥胖了。

3. 身体胖的女士穿的裙子不要太短或太长，长度应以下摆在膝盖附近为宜。裙子过短就会把腿上的肥胖显露出来，过长就会给人"矮而胖"的感觉。如果穿出分出"上中下"三段来，就显得你自然增高了，上身、裙和长筒袜用不同的颜色，看上去就会产生一种修长的感觉。

4. 如果小腿很胖，袜子和鞋不要穿得太让人注意。越大众化越好，颜色也不要太鲜艳了，以免人们对你的腿部和脚部注意时，让人得到肥胖的感觉。

5. 如果你的脖子不太长的话，那么千万不能穿圆领内衣。你的衣服领子用 V 型的有利于使你的脖子看上去长些。如果短脖子的女士想戴项链，要注意你的项链不能太长，但也不能太短，选择时要戴着看，选择戴上去最好看，长度最合适的。项链的下面最好有一个下垂的装饰物，比如红心什么的。

6. 另外，穿着深颜色的衣物也是掩盖你身体胖的好方法。穿上深颜色的衣服，特别是黑色的时装，会让人觉得你瘦一些。

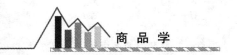
实训项目8.1：服装材料实训

案例阅读

中国丝绸

丝绸是中国纺织历史的骄傲，是我国服装历史上一颗耀眼的明珠。

据史书记载，中国的养蚕、缫丝的历史要上溯到七千年前的炎黄时代。炎帝神农氏教民植桑，黄帝元妃嫘祖教民织绸。传说是黄帝的妻子嫘祖开始养蚕。有一次，嫘祖在野桑林里喝水，树上有野蚕茧落下掉入了水碗，待用树枝挑捞时挂出了蚕丝，而且连绵不断，越抽越长，嫘祖便使用它来纺线织衣，并开始驯育野蚕。

随着汉代中国对外的大规模扩展影响，丝绸的贸易和输出达到空前繁荣的地步。贸易的推动使得中原和边疆、中国和东西邻邦的经济、文化交流进一步发展，从而形成了著名的"丝绸之路"。这条路从古长安出发，经甘肃、新疆一直西去，经过中亚、西亚，最终抵达欧洲。公元前126年，在汉武帝的西进政策下，大量中国丝绸通过"丝绸之路"向西运输。

丝绸服装一直是高贵、典雅的代表。在日本，丝绸和服是最高贵的服装；在西方，中世纪十字军东征归来向教堂敬献的圣物以丝绸来包裹，当时西方丝绸与黄金等价，被誉为"纤维皇后"。甚至古代西域一些国家就把中国称为"赛尔丝"（seres，即丝国）。

如今，丝绸服装已经成为人类高雅服装的重要组成部分，在返璞归真、回归大自然的绿色革命的倡导下，身穿对皮肤具有保健功能的天然纤维织成的丝绸服装成为一种时尚。中国的丝绸产量占世界总产量的80％左右，印度、巴西、越南等国有少量蚕丝生产。中国丝绸的主要产地分布在浙江、江苏、四川、重庆、辽宁、山东和安徽等地。

小组任务

1. 活动形式：小组参与，集体合作分析。
2. 活动时间：45分钟。
3. 活动目的：加深学生纺织纤维的认识；提升小组自主分析能力及团队协作能力。
4. 活动步骤。

步骤一：分析纺织纤维的实用特征。

以小组为单位，分析纺织纤维的优缺点及适用范围，完成表格。

纤维种类	优点	缺点	适用范围
天然纤维			
再生纤维			
合成纤维			

步骤二：燃烧法鉴别纺织纤维的类别。

要求：

（1）分组：分工合作完成；

（2）材料：每组准备棉花、亚麻、羊毛、腈纶等纤维或其织物；

（3）工具：蜡烛、镊子、白色垫板；

（4）实训报告：仔细记录各种纤维在燃烧中的各种特征，特别要把贴近火焰、在火焰中和灰烬等特征记录清楚。

■【实训报告】

纺织纤维遇热和燃烧的反应

纤维	临近火焰	在火焰中	离开火焰	气味	灰烬特征
棉					
羊毛					
麻					
化纤					

步骤三：实训效果检验：连线材质与燃烧现象。

棉　　　　　　　遇火冒烟，燃烧时起泡，燃烧速度较慢，散发出烧头发的焦臭味。

羊毛　　　　　　近火焰即迅速卷缩熔成白色胶状，在火焰中熔燃滴落并起泡。

聚酯纤维　　　　燃烧发出纸的气味，有少量粉末呈黑或灰色。

步骤四：梳理服装面料的种类及特点。

面料种类	优点	缺点
棉布		
麻布		
丝绸		
呢绒		
皮革		
化纤		
混纺		

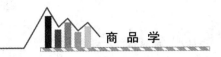

 步骤五：为商品选择合适的纺织面料种类，完成表格。

服装商品	商品特点	合适的服装面料类别
大衣		
夏装		
旅游户外装		
内衣		
婴幼儿服装		

步骤六：给服装面料归类（将表格右侧的面料按选项归类）。

面料种类		类别
植物纤维面料		大豆纤维、涤纶、粘胶、棉、锦纶、
动物纤维面料		金属纤维、腈纶、麻、丙纶、蚕丝、
再生纤维面料		氨纶、毛、氯纶、玻璃纤维
合成纤维面料		

小组评价

小组综合评价表

组　别	评价内容及分值					
	组内学生分工明确（20分）	组内学生参与程度（20分）	面料优缺点分析（20分）	服装面料归类准确（20分）	小组创新（20分）	总　分（100分）
第1组						
第2组						
第3组						
第4组						
第5组						
第6组						
第7组						
第8组						
总评价						
备　注						

任务二 服装商品

任务目标

知识目标：了解常见的服装类型及特征。

技能目标：能对不同类型的服装进行分析。

能力目标：锻炼学生的逻辑分析能力，提升学生的理论应用能力，增强学生的团队协作能力及表达能力。

【议一议】

1. 日常生活中，我们经常会看到各种颁奖典礼，请分析一下在典礼上穿什么款式的服饰是最适宜的。

_____

_____

2. 在你观看的颁奖典礼中，最喜欢哪位嘉宾穿的服装？请用语言描述一下服装特色。

_____

_____

3. 你认为班内哪名同学最擅长搭配服装？他（她）是如何搭配的？

_____

_____

理论知识

一、服装的分类

服装的分类没有统一的标准。衣服的种类很多，上面一些是大家经常看到或用到的，也是比较容易理解的。

服装大致有以下几种分类方法。

（一）按性别分类

有男装、女装及中性服装。

（二）按年龄分类

分婴儿装（0—1岁）、幼儿装（2—5岁）、儿童装（6—12岁）、少年装（13—17岁）、青年装（18—30岁）、成年装（31—50岁）、中老年装（51岁以上）等。

（三）按穿着季节分类

分为春秋装、冬装、夏装。

（四）按穿着位置分类

1．外衣：穿在最外层的服装。

2．内衣：紧贴皮肤层的服装。

3．上装：穿在上身的服装如衬衫、夹克等。

4．下装：穿在下身的服装如裙、裤等。

（五）按用途分类

1．日常生活装：在生活、学习、工作、休闲、旅游等场合穿用的服装，如家居服、学生服、运动服等。

2．特殊生活装：少数人日常生活穿用的服装，如孕妇服、病员服等。

3．社交礼服：比较正式的场合穿用的服装，如晚礼服、婚礼服、葬礼服、午后礼服等。

4．特殊作业服：特殊环境下穿用的服装，如消防服、防辐射服、宇航服、潜水服等。

5．装扮服：在装扮和演出的场合穿用的服装，如迷彩服、戏剧服等。

知识链接 - - - - - - - - - - - - - - -

航天服的功能

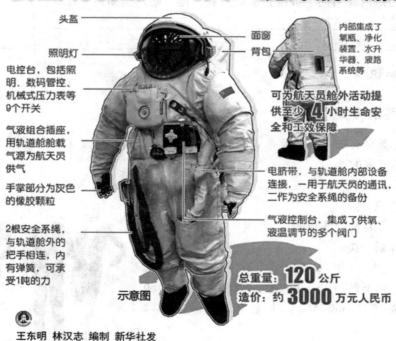

我国研制的"飞天"舱外航天服

头盔

照明灯

电控台，包括照明、数码管控、机械式压力表等9个开关

气液组合插座，用轨道舱舱载气源为航天员供气

手掌部分为灰色的橡胶颗粒

2根安全系绳，与轨道舱外的把手相连，内有弹簧，可承受1吨的力

示意图

面窗
背包

内部集成了氧瓶、净化装置、水升华器、液路系统等

可为航天员舱外活动提供至少 **4** 小时生命安全和工效保障

电脐带，与轨道舱内部设备连接，一用于航天员的通讯，二作为安全系绳的备份

气液控制台，集成了供氧、液温调节的多个阀门

总重量：**120**公斤
造价：约**3000**万元人民币

王东明 林汉志 编制 新华社发

（六）按照商业习惯分类

1. 童装：0—12 岁儿童穿用的服装。

2. 少女装：20 岁左右女性穿用的服装。

3. 淑女装：年纪较轻的女性穿用的服装。风格优雅、稳重大方。

4. 职业装：在有统一着装要求的环境中穿用的服装。

5. 男装：男性穿用的服装。

6. 女装：女性穿用的服装。

7. 家居服：平时在家穿用的服装。

8. 休闲服：非正式场合穿用的服装。

9. 运动服：体育运动或锻炼时穿用的服装。

10. 内衣：紧贴皮肤层的服装。

（七）按照国际通用标准分类

所谓的通用标准，就是将服装的流行趋向、生产制作规模、着装者的个人综合因素结合在一起而形成的习惯性的分类。

1. 高级女装：在高级女装店为顾客量身定制、完全由手工制作或加工零售的女装。

2. 时装：介于高级女装和成衣之间的具有流行意味、顾客目标较为明确的时髦服装。

3. 成衣：流水线上批量生产的标准号型服装。

服装的种类有很多，各类服装亦表现出不同的风格与特色，变化万千，十分丰富。不同的分类方法导致我们平时对服装的称谓也有所不同。

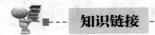 **知识链接** - - - - - - - - - - - - - -

中山服的寓意

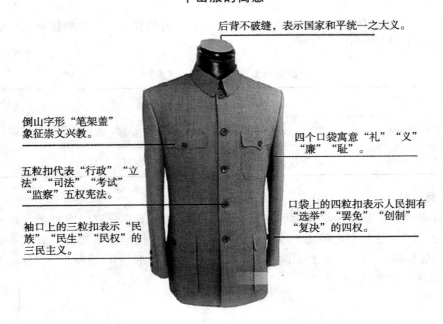

后背不破缝，表示国家和平统一之大义。

倒山字形"笔架盖"象征崇文兴教。

四个口袋寓意"礼""义""廉""耻"。

五粒扣代表"行政""立法""司法""考试""监察"五权宪法。

口袋上的四粒扣表示人民拥有"选举""罢免""创制""复决"的四权。

袖口上的三粒扣表示"民族""民生""民权"的三民主义。

二、服装的质量要求

服装是人们生活中重要的必需品，被人们称为"人的第二层皮肤"。人们穿用服装不仅仅是简单的蔽体，而且为有益健康、塑造美观体形、展示整体魅力发挥着重要作用。优质的服装质量是每位消费者的心理所求。

（一）服装产品安全技术类别

2011 年 8 月实施的 GB18401—2010《国家纺织产品基本安全技术规范》将纺织品分为三大类。

A 类：婴幼儿用品。主要是指 24 个月以内的婴幼儿使用的纺织品，主要包括尿布、尿裤、内衣、围嘴、睡衣、手套、袜子、帽子、床上用品等。

B 类：直接接触皮肤的产品。主要是指在穿着或使用时，大部分面积直接与人体皮肤接触的纺织产品，如背心、短裤、棉毛衣裤、衬衣、裤子、腹带、床单等。

C 类：非直接接触皮肤的产品，如毛衣、外衣、裙子、窗帘、床罩、墙布、填充物、衬布等。

（二）服装号型标准

1. 服装号型的定义

"号"指人体的身高，以厘米为单位，是设计和选购服装长短的依据。"型"指人体胸围或腰围，以厘米为单位，是设计和选购服装肥瘦的依据。

2. 服装体型的分类

服装体型是以人体的胸围与腰围的差距为依据来划分体型的，并将人体体型分为四类，即 Y、A、B、C 四种体形。其中，A 为一般体型，B 为微胖型，C 为胖体型，Y 为胸大腰细型。具体划分依据如下：

体型分类代号（单位：厘米）

体型分类代号	Y	A	B	C
男子胸围与腰围落差	22—17	16—12	11—7	6—2
女子胸围与腰围落差	24—19	18—14	13—9	8—4

3. 号型标志

按照标准要求，服装上必须标明号型，套装中的上、下装分别标明号型。号型的表示方法为"号/型"，号与型之间用斜线分开，后接体型分类代号。例如，上装 170/88A，其中，170 表示身高为 170，88 表示胸围，A 为体型分类；下装 165/74A，其中，165 为身高，68 为腰围，体型为 A。

（三）服装的外观要求

1. 上衣类外观要求

（1）领子：领角对称，领面平服，松紧适宜，领翘适宜。

（2）袖子：长短一致，袖口大小、宽窄一致，袖上扣眼两边一致。

（3）胸部：丰满、挺括，位置适宜。

（4）肩：平服，肩缝顺直不后甩，肩宽窄一致。

（5）前片：门襟顺直、平服，长短一致，不起翘，各部位止口明线顺直、宽窄一致。

（6）兜：大小兜方正平服，前后、高低、大小一致。

（7）后片：后背不吊背，开叉顺直、长短一致。

（8）里面衬松紧适宜、服帖，不吊里、不吐里，粘和衬不脱胶、不起皱、不起泡。

（9）各部位熨烫平服，无亮光、粉印、折痕、油污、水渍。

（10）门底襟长短一致，底边圆顺、平服。

（11）要求对条对格的面料，条纹要对准确。

（12）面料有绒（毛）的，要分清方向，绒（毛）的倒向应整件同向。

（13）加棉填充物要平服、压线均匀、线路整齐、前后片接缝对齐。

2. 下衣类外观要求

（1）两腿长短、肥瘦一致。

（2）裤侧缝与下裆缝顺直、平服。

（3）大小裆圆顺、平服。

（4）腰头宽窄一致，里面衬平服。

（5）裤门襟、里襟明线直顺、宽窄一致，封结牢固。

（6）两脚口肥瘦一致，下口不吊，贴边宽窄一致。

三、服装的选购

（一）注意查看产品的使用说明

使用说明（即称之为产品标识）是一种向消费者传达产品性能、质量状况、使用方法等信息的工具，服装产品使用说明由扣在服装上的吊牌和缝在服装产品上的标识组成。根据国家的相关规定，衣服的吊牌中必须包括生产衣服的厂名、厂址；衣服的规格型号；衣服的各种成分及含量；洗涤标识；制作衣服采用的标准以及衣服的产品等级；衣服的安全级别等。这几项缺一不可。

（二）注意查看质量等级

当前一般服装产品质量划分为优等品、一等品、合格品。等级越高，质量越好，衣服的舒适性也会较好，价格也相应地较高。

（三）注意查看缝在产品上的三个标识

一是衣服的号型标注规范，并看与穿着者的体型是否相适应；二是查看服装布料（面料、里料、填充料等）采用的材质组成描述是否清晰齐全，因为不同材质的服装有不同的性能、不同的价值，一般做内衣内裤或贴身穿用的服装材质最好选用纯棉或棉混纺的材质，纯棉产品穿着舒适透气，不宜选购纯化纤之类的内衣产品（如纯涤纶）；三是查看洗涤标识，这是使用好产品的关键，处理得当的话能使服装在较长的时期内保持外观美观并经久耐穿。

（四）手摸眼看服装的外观质量

消费者首先要根据需要、穿着的经验，对需购服装根据所标注的材质、质量等级等性能方面进行验收，查看标注的内容与货品的真实现状是否相符，然后查看其外观质量。

四、服装的保养

（一）常用保养标识

1. 洗涤标识

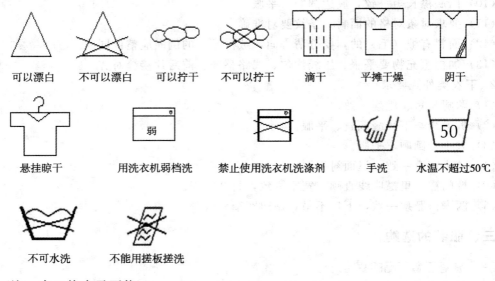

（注：有×均表示不能）

2. 熨烫标识

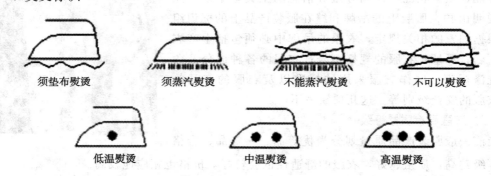

（二）服装的洗、熨烫、收藏、保管要点

1. 衣物的关键部位要注意保型，如肩、衣领、袖口等处，尤其是经树脂整理的硬衣领，一定要采用刷洗。

2. 具有典型风格的面料，以保护其特有的外形内格，如灯芯绒、平绒等。拧绞时，要将绒面包在里面，晾晒时拉平撑开，避免绒面变形。对于提花织品，不可用硬刷子猛力洗刷，防止断纱起毛。

3. 棉织品具有良好的理化性能，然而也不宜在洗涤液中浸泡过久，暴晒时间亦不可过长，防止颜色收到破坏。

4. 棉织物易掉浮色，洗涤时要防止串染和搭色，影响织物外观。

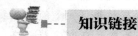

不同类型衣服的洗涤方法

1. 新买衣物的洗涤——新买衣物不管什么品牌，都会有一定程度褪色，因此最好与其他衣物分开洗涤，且不要加洗涤剂，以防褪色。

2. 褪色衣物的洗涤——可先将衣物放在 5% 的食盐温水中浸泡半小时再洗。

3. 鲜艳衣物的洗涤——洗涤完成后，进行漂洗时，加少量薄荷清油（可用花露水代替）浸泡10分钟，脱水2—3分钟，低温烘干。

4. 黑色衣物的洗涤——漂洗时，在水中加些浓茶、咖啡、啤酒等，可使衣物的光泽如初。

5. 白色衣物的洗涤——应分开洗涤，要想更加洁白，可在漂洗完成后，在水中滴3—5滴纯蓝墨水，搅匀后，将衣物浸入2分钟晾干即可。

6. 硬领衬衣的洗涤——衬衣硬领一般是麻布和树脂布做的，洗涤时先用洗衣粉溶液浸泡15分钟用软刷轻轻刷洗，不可拧干，不可用力搓擦。

7. 过脏衣物的洗涤——洗涤过脏的衣物，不是增加洗涤剂用量，而是增加洗涤次数。

8. 紧身衣物的洗涤——用弱酸性或中性洗涤液，不可用力搓擦。

实训项目 8.2：服装商品实训

案例阅读

美轮美奂之婚纱

二十世纪初，婚纱仍然遗留着维多利亚时代的传统——长至地面的头纱、樽领及长袖。当时市面上开始有现成的婚纱出售，以满足中产阶层的需要。

其实婚礼虽是世界各国自古以来就存在的仪式，但新娘在婚礼上穿婚纱的历史却不到200年时间。在西方，新娘所穿的下摆拖地的礼服原是天主教徒的典礼服。由于古代欧洲一些国家是政教合一的国体，人们结婚必须到教堂接受神父或牧师的祈祷与祝福，这样才能算是正式的合法婚姻。但在19世纪前，少女们出嫁时所穿的新娘礼服并没有统一的颜色规格。直至1840年，英国维多利亚女王在婚礼上以一身洁白雅致的白色婚纱示人，以及皇室与上流社会的新娘相继效仿后，白色开始逐渐成婚纱礼服的首选颜色。象征着新娘的美丽和圣洁。现在，白色婚纱已经是婚礼文化中最重要的一部分，任何一个国家，除了保留自己本民族的婚礼服饰外，越来越多的新人选择白色的婚纱。此外，在西方，新娘会将结婚礼服细心保存起来传承给后代子孙，让圣洁的婚纱成为美丽的珍藏和爱的传承。按西方的风俗，只有再婚妇女，婚纱才可以用粉红或湖蓝等颜色，以示与初婚区别。随着世界潮流的不断变化，婚纱除了纯白，象牙，米黄等传统的颜色外，近年来也日渐流行整套粉红色婚纱，如粉红、粉橙、粉蓝、粉紫、粉绿及浅银灰色，非常柔和悦目，如果你敢于尝试，墨绿、枣红、深紫点缀于粉色婚纱上形成色彩浓烈的礼服，效果很特别，至于最受欢迎的，当然是象牙色或是纯白色，缀上粉色的丝花、蝴蝶，以增添色彩。其实，婚纱是什么颜色不太重要，最先觉得条件是要与新娘的肤色相配。肤色深而偏黄，穿雪白婚纱会显得暗淡，穿象牙色会较和谐自然，粉蓝、粉紫与黄肤色都不能协调，反而粉橙、粉绿能与偏黄的肤色相配，有助于肤色白里透红，又或者是古铜色的穿着白色会很好，特别是后者，配新郎的燕尾服，会凸显一种与众不同的光彩。

相较于欧美，中国婚纱礼服行业起步较晚。在20世纪初期，传统的中式婚礼服是长袍马褂和凤冠霞帔。自古以来，中国的结婚礼服就是以红色为主，因为传统认为红色是吉祥喜庆的颜色，所以古代新嫁娘往往是身着红色礼服，头戴凤冠。在中国的传统习俗中，嫁衣是女孩子一生中最重要的服装，大多是由女孩自己从小就开始做，一直做到出嫁前才完成，这件嫁衣也因此寄托了女孩子少女时代全部的梦想。现在的女孩虽然不再自己缝制嫁衣，但嫁衣一定要量身定做，手工缝制，才能显现它的珍贵和唯一。

 小组任务

1. 活动形式：小组服装识别分析及推销。

2. 活动时间：45分钟。

3. 活动目的：加深学生对食品概念及功能的认识；提升小组的团队协调能力及设计、创新、推销能力。

4. 活动步骤。

步骤一

说一说：服装上标注的规格 175/96A 中的 175、96 和 A 分别是什么意思？

步骤二：识别服装的保养标识。

标识	含义
弱	
P	

步骤三：认识号型。

（1）为了选购到合体的服装，一定要了解服装号型和体型类别知识，选购时要选择相符或相接近的服装号型。仿例填表：（要求：给身边的同学、朋友或老师定义服装号型和体型类别）

姓名	身高	胸围	腰围	体型
张丽	165	92	80	B

（2）某男生身高 167 cm，胸围是 80 cm，腰围是 62 cm，应选购（　　）号型的上衣和裤子。

A. 165/80A　165/62A

B. 165/84A　165/60A

C. 167/80B　167/62B

D. 165/80Y　165/62Y

（3）"号"指人体的（　　　），以厘米为单位表示，是设计和选购服装（　　　）的依据。

A. 腰围　肥瘦　　　　　　　　B. 身高　肥瘦

C. 身高　长短　　　　　　　　D. 胸围　长短

 步骤四：婚纱推销竞赛。

（1）各小组自选一款婚纱进行介绍；

（2）婚纱介绍内容应包含服装材料及特征分析；

（3）推销语言贴合市场，具有说服力。

小组评价

小组综合评价表

组　别	评价内容及分值					
	组内学生分工明确（20分）	组内学生参与程度（20分）	服装分析准确（20分）	推销内容丰富（20分）	小组创新（20分）	总分（100分）
第1组						
第2组						
第3组						
第4组						
第5组						
第6组						
第7组						
第8组						
总评价						
备　注						

[1] 毕雪，吕华，张丽华. 商品学 [M]. 北京：中国人民大学出版社，2017.

[2] 王羽. 商品知识与实训 [M]. 北京：机械工业出版社，2017.

[3] 徐东云. 商品学：第 2 版 [M]. 北京：清华大学出版社，2017.

[4] 窦志明. 商品学基础：第 4 版 [M]. 北京：高等教育出版社，2016.

[5] 万融. 商品学概论：第 6 版 [M]. 北京：中国人民大学出版社，2016.

[6] 刘清华，张建斌，单浩杰. 商品学基础：第 2 版 [M]. 北京：中国人民大学出版社，2016.

[7] 汪永太. 商品检验与养护：第 4 版 [M]. 大连：东北财经大学出版社，2016.

[8] 蔡玉秋，肖晓旭，王丽. 商品学 [M]. 北京：中国电力出版社，2016.

[9] 闫丽红. 商品知识与实务 [M]. 北京：中国铁道出版社，2015.

[10] 曹汝英. 商品知识：第 4 版 [M]. 北京：中国财政经济出版社，2015.

[11] 张世海. 商品学实务项目化教程 [M]. 南京：南京大学出版社，2015.

[12] 汪永太. 商品学：第 3 版 [M]. 北京：电子工业出版社，2015.

[13] 赵启兰. 商品学概论：第 2 版 [M]. 北京：机械工业出版社，2015.

[14] 曹汝英. 商品学概括：理论、实务、案例、实训 [M]. 北京：高等教育出版社，2010.

[15] 汪卫华，吴明涛. 商品学原理与实务 [M]. 北京：北京交通大学出版社，2010.

[16] 袁长明. 商品学 [M]. 北京：化学工业出版社，2009.

[17] 程艳霞. 现代物流管理概论 [M]. 武汉：华中科技大学出版社，2009.

[18] 孙参运. 商品学基础 [M]. 武汉：武汉理工大学出版社，2008.

[19] 吕莉克，郭红娟. 商品学基础 [M]. 成都：西南财经大学出版社，2007.

[20] 方凤玲，杨丽. 商品学概论 [M]. 北京：中国林业出版社，2007.

[21] 陈明华. 商品学 [M]. 北京：北京理工大学出版社，2006.